AF467615

A Monsieur Antoine d'Abbadie, hommage de l'auteur
Julien Vinson

LES BASQUES

ET LE PAYS BASQUE

VERSAILLES
CERF ET FILS, IMPRIMEURS
59, RUE DUPLESSIS, 59

A LA

REAL ACADEMIA DE LA HISTORIA

en prueba de profundo respecto
y vivo agradecimiento

EL AUTOR
Correspondiente de la misma.

Maison de l'Infante à Saint-Jean-de-Luz.

LES BASQUES

ET

LE PAYS BASQUE

MŒURS, LANGAGE ET HISTOIRE

PAR

JULIEN VINSON

Sous-Inspecteur des Forêts
Chargé du cours d'hindoustani et de langue tamoule à l'École nationale des langues orientales vivantes
Correspondant de l'Académie royale d'histoire de Madrid

PARIS
LIBRAIRIE LÉOPOLD CERF
13, RUE DE MÉDICIS, 13

1882

AVANT-PROPOS

On a dit bien souvent que, sur le territoire même de la France, les voyageurs curieux de s'instruire trouvent des sujets d'études, des sites pittoresques, des monuments historiques, aussi intéressants, plus intéressants peut-être que tous ceux dont les pays étrangers paraissent offrir une attrayante variété. Ce petit livre vient à l'appui de cette opinion ; il n'a certes point la prétention de révéler aux Français le pays basque ; mais il a pour but d'attirer l'attention sur une contrée trop peu connue encore et où cependant les touristes, les travailleurs, et même les personnes qui cherchent seulement une station de repos et des distractions salutaires, peuvent rencontrer un séjour agréable, un climat serein, une nature extrêmement variée, une population enfin dont l'accueil est d'autant plus cordial et empressé qu'il est moins obséquieux et servile.

Les Basques, en effet, ont de grandes qualités natives; assimilés plus profondément qu'ils n'ont pu l'être encore aux pays auxquels le sort les a réunis pour jamais, ils leur apporteront un contingent précieux de force, de dignité et d'intelligence. On verra ci-après quel est aujourd'hui l'état général de cette vaillante race dont l'origine se perd dans la nuit des temps ; et l'on comprendra quel rôle important leur réserve l'avenir, dans l'incessante évolution de la société moderne.

Ce volume n'est d'ailleurs qu'un tableau sommaire, qu'une esquisse à larges traits ; il serait plus facile de relever ce qui y manque que de signaler ce qui s'y trouve. Il était bien difficile qu'il en fût autrement, vu la nature spéciale de la collection dont les chapitres qui vont suivre forment comme une livraison détachée.

Mes amis du pays basque me pardonneront ces lacunes ; ils excuseront aussi, je l'espère, les imperfections inhérentes à un travail comme celui-ci, œuvre de vulgarisation nécessairement écourtée, inévitablement incomplète et rapide. Ils ne m'en voudront point non plus si certains passages, si quelques appréciations vont à l'encontre de leurs idées, de leurs prétentions, de leurs espérances ; ils savent que j'aime le pays basque où j'ai passé, non sans subir quelques-unes de ces épreuves qui élèvent le cœur et qui forment l'esprit, les douze plus belles années de ma vie ; ils savent que je désire une seule chose : le relèvement d'un généreux peuple encore trop attaché aux traditions glorieuses, mais incompatibles désormais avec les conditions nécessaires à la vie, d'un passé irrévocablement disparu. Car, ainsi que l'a dit le vieux poète : « Chaque jour nous apporte une nouvelle vie et demande de nouvelles mœurs. »

Paris, 20 juin 1882.

CHAPITRE I

LE PAYS BASQUE

ASPECT — TOPOGRAPHIE — PRODUCTIONS — CULTURES
INDUSTRIES — POPULATION — ÉMIGRATION

Le voyageur, le promeneur ou le touriste que le hasard amène au fond du golfe de Gascogne, à Biarritz, à Bayonne, à Saint-Jean-de-Luz, est généralement séduit par le charme du pays où il se trouve momentanément transporté. La contrée est accidentée ; les gens sont aimables et hospitaliers quoique naturellement rudes et fiers ; et l'horizon, où brille, surtout en automne, un soleil splendide, est harmonieusement limité d'un côté par l'immensité de l'Océan, de l'autre par la sauvage hardiesse des montagnes. Le Parisien, même le plus léger et le moins observateur, ne tarde pas à distinguer parmi les campagnards indifférents ou les citadins empressés qu'il rencontre à chaque instant sur la plage ou dans les rues, un type tout spécial fortement empreint d'une grande distinction native. S'il s'arrête à les écouter, il reconnaîtra bien vite que ces garçons un peu gauches dans leurs allures indépendantes, que ces belles filles dont l'attitude n'a rien de la coquetterie affectée des grandes villes, se servent d'un langage étrange où son oreille surprise ne perçoit rien d'intelligible. Les patois gascons lui semblaient plus faciles à comprendre ; l'espagnol est à la fois plus dur et plus harmonieux ; le breton, malgré ses aspirations et ses finales consonnantiques, est moins original et déroute moins l'auditeur patient. Cette langue remarquable, c'est la langue basque, vieux débris peut-être des idiomes antiques parlés dans l'Europe occidentale avant l'arrivée de nos premiers pères ; ce peuple, c'est le peuple basque dont l'origine se perd dans la nuit des temps.

Quels qu'ils soient et d'où qu'ils viennent, les Basques occupent aujourd'hui la région extrême, à l'ouest des Pyrénées dont ils peuplent l'un et l'autre versant le long des côtes accidentées de la baie de Biscaye. Les événements ont divisé en deux portions inégales ces populations uniques d'origine, de mœurs et de langage ; mais il y a entre le pays basque français et le pays basque espagnol trop de points communs pour qu'il soit possible de ne pas les comprendre dans une même étude générale. Grâce à sa situation, à la diversité de son climat, à la variabilité de son sol, ce pays a pu se suffire à lui-même et développer toutes ses ressources naturelles. Le peu de hauteur relative des montagnes et le peu de profondeur des vallées facilitaient les communications d'un versant à l'autre ; et l'on peut aisément se figurer pour ainsi dire le flux et le reflux des tribus locales autour de La Rhune, de la Haya, du mont Orhi, du pic d'Anie et des autres sommets de la chaîne pyrénéenne le long de la frontière franco-espagnole.

En France, le pays basque occupe un peu plus du tiers du département des Basses-Pyrénées : presque nulle part, il ne descend jusqu'à l'Adour. Il s'étend entre la mer à l'ouest et le gave d'Oloron à l'est, embrassant ainsi les vallées successives de la *Bidassoa*, de la *Nivelle* qui se jettent dans la mer, de la *Nive* et de la *Bidouze* qui se jettent dans l'Adour, et du *Saison*, affluent du gave d'Oloron. Ces vallées forment en quelque sorte un éventail dont la base est assez largement convexe. Chacune de ces rivières reçoit des affluents secondaires arrosant autant de vallons subordonnés. Géographiquement ce territoire comprend l'arrondissement de Bayonne (moins la rive nord de l'Adour ainsi que Bayonne, le Boucau, Urt, et la plus grande partie du canton de Bidache), et l'arrondissement de Mauléon tout entier. Historiquement et politiquement, il formait anciennement trois divisions territoriales : le *Labourd*, la *Basse-Navarre* et la *Soule*.

La plus occidentale de ces trois « provinces », le Labourd, était formé des cantons actuels de Saint-Jean-de-Luz, d'Ustaritz, d'Espelette, de Bayonne Sud-Est et Nord-Ouest (moins Bayonne et le Boucau) et des communes de Bardos, Guiche, Bonloc, Hasparren, Macaye, Mendionde et Briscous. C'était une vicomté relevant du duché de Gascogne. Un *bailli* siégeait à Ustaritz et un *sénéchal* à Bayonne; les appels contre leurs sentences étaient portés au parlement de Bordeaux.

La *Basse-Navarre*, qui est au centre du pays basque français, n'était, comme son nom l'indique, qu'une partie du royaume de Navarre. Aussi cette province avait-elle conservé les armes navarraises ; elle portait « de gueules aux chaînes d'or posées en orle, en croix et en sautoir ». Elle comprenait les cantons de Iholdy, de Saint-Jean-Pied-de-Port, de Saint-Étienne de Baïgorry, une grande partie du canton de Saint-Palais, une commune (Escos) de l'arrondissement d'Orthez et huit communes de l'arrondissement de Bayonne (Bergoney, Viellenave, Méharin, Saint-Esteben, Saint-Martin d'Arberoue, Aiherre, Isturitz et Labastide-Clairence). Toutes ces « paroisses » étaient groupées en « pays » et en « vallées » ; il y avait les *vallées* de Baïgorry et d'Ossès dont le nom indique la position et la consistance, et les *pays* de Cize (Saint-Jean-Pied-de-Port), de Mixe (Saint-Palais, cours moyen de la Bidouze), d'Arberoue (Saint-Martin, à l'extrémité orientale de l'arrondissement de Bayonne) et d'Ostabat (cours supérieur de la Bidouze).

La *Soule,* qui a eu le même sort administratif et politique que la Basse-Navarre, était composée des cantons de Mauléon et de Tardets et de huit communes limitrophes. Elle avait sa juridiction spéciale, la cour de Licharre (près de Mauléon) qui appliquait la *coutume* du pays. La *Soule* formait une vicomté relevant du roi de France, châtelain de Mauléon. Tardets constituait, sous le nom basque de *Basaburna,* « tête ou extrémité sauvage, agreste, forestière », une subdivision partagée en trois régions distinctes, la *Soule-Souverain* au milieu qui comprenait le *Val-dextre* et le *Val-senestre,* les *Arbailles* au Sud et la *Barhoue* au Nord.

En 1790, lorsque, malgré l'opposition des députés du pays, l'Assemblée nationale forma le département des Basses-Pyrénées avec Bayonne, le Labourd, la Basse-

Navarre, la Soule, le Béarn et trente-deux paroisses de la généralité de Bordeaux ; la partie basque du département fut divisée en trois districts, Mauléon, Saint-Palais et Ustaritz. Plus tard Mauléon et Saint-Palais furent réunis pour former l'arrondissement de Mauléon et Bayonne devint le chef-lieu de l'arrondissement maritime. Un tribunal civil fut établi dans cette dernière ville ; celui de l'arrondissement de Mauléon siège à Saint-Palais. L'évêque de Bayonne, dont le diocèse comprenait, au Concordat, les départements des Landes, des Hautes et des Basses-Pyrénées, administre seul au point de vue religieux tout le pays basque français.

En Espagne, les provinces basques de *Guipuzcoa*, d'*Alava* et de *Biscaye*, n'ont point varié de limites ; mais il faut y joindre la *Navarre* si l'on veut étudier l'ensemble de la région véritablement basque. Ces contrées forment, suivant M. Elysée Reclus, environ le trentième de la surface de la Péninsule ; elles appartiennent à la fois au bassin de l'Èbre et à celui du golfe de Gascogne. Les limites, fort irrégulières, qui les séparent de la France sont purement arbitraires et factices ; et, de l'une à l'autre province, les divisions, indiquées à travers les vallées et les montagnes par des lignes bizarrement sinueuses et parfois entrecoupées d'enclaves, ont un caractère essentiellement conventionnel. Le système orographique est fort compliqué : on l'a comparé à un nœud inextricable reliant la grande chaîne des Pyrénées au plateau des Castilles ; c'est un véritable fouillis de vallées, de gorges, de cols, de passages, de hauteurs et de plateaux. Les principaux cours d'eaux qui l'arrosent sont la *Bidassoa* qui prend sa source en Navarre et vient se jeter à la mer entre Hendaye et Fontarabie ; l'*Urumea* qui finit à Saint-Sébastien ; l'*Oria* qui passe à Tolosa, l'*Urola* qui traverse Azpeitia, la *Deva* qui traverse Vergara, l'*Ibaizabal* qui vient de Durango et se jette dans le Nervion, et le *Nervion* qui après avoir passé à Bilbao va se jeter dans le golfe de Gascogne à Portugalete. Du côté de l'Èbre on peut citer l'*Aragon,* qui reçoit l'*Irati* venant de la frontière française (vers Tardets) et l'*Arga* sur lequel se trouve Pampelune, l'*Ega* qui coule à Estella, et le *Zadorra* qui passe près de Vitoria.

Les montagnes les plus remarquables du pays basque sont *La Rhune* (963 mètres de hauteur), les échelles de *Mendibelça* (1,138 mètres), le port de Roncevaux (1,759 mètres), le Pic d'Anie (*Ahugne-Mendi,* 2,584 m.), la *Haya* (987 mètres), le *Jaizquibel* (583 mètres), la *Sierra de Andia* (1,454 mètres), la *Pegna de Gorbea* (1537 mètres). Le col de Velate par où passe la route de Bayonne à Pampelune et le col d'Alsasua où passe le chemin de fer de Paris à Madrid (qui de Bayonne à Miranda ne traverse pas moins de trente-sept tunnels d'une longueur totale de seize kilomètres) sont respectivement à 868 et 596 mètres au-dessus du niveau de la mer. Bayonne est à l'altitude de 11 mètres, Mauléon à celle de 214, Pampelune à 429 et Vitoria à 513.

La *Navarre,* dont la partie septentrionale seule appartient proprement au pays basque, s'étend entre l'ancien royaume d'Aragon, l'Èbre et les Pyrénées ; sa frontière occidentale part du point où la Bidassoa entre en France et va aboutir aux monts Alzania. Elle a pour chef-lieu Pampelune. Elle formait avec la Soule et la Basse-Navarre françaises l'ancien royaume de Navarre, divisé en six *Merindades* (Tudela, Pampelune, Estella, Tafalla, Olite et Saint-Jean-Pied-de-Port). Le *Guipuzcoa,* dont la limite orientale va à peu près de Viane à Véra, s'étend à l'ouest depuis les environs de Marquina au nord jusqu'aux monts Aranzazu au midi ; il comprend les *Partidos* (cantons) de Saint-Sébastien, Tolosa, Azpeitia et Vergara. La *Biscaye* comprend tout le terrain entre Ondarroa et la rivière de Sommorostro, entre la Carranza et la Pegna de Gorbea ; elle a pour villes principales Bilbao, Guernica, Marquina et Durango. L'*Alava,* dont une faible partie est réellement basque, contient, outre Vitoria la capitale, les villes de Salvatierra, la Guardia, Salinas de Agnana et Amurrio. Depuis 1876, toutes ces provinces sont administrées comme tout le reste de l'Espagne, mais auparavant elles avaient un régime politique spécial sur lequel on trouvera des détails dans le chapitre suivant. Pampelune et Vitoria sont le siège de deux évêchés.

Le pays basque est traversé par la grande route de Paris à Madrid et par les chemins de fer de Madrid à Hendaye et de Bordeaux à Irun. Deux autres voies ferrées sont en construction, l'une de Bayonne à Saint-Jean-Pied-de-Port, l'autre de Puyoo à Saint-Palais : l'objectif indiqué de ces deux lignes est évidemment Pampelune. De tout temps, la région occidentale des Pyrénées a servi de lieu de passage, de voie de communication entre l'Espagne et l'Europe. Au XIIe siècle, les pèlerins qui se rendaient à Saint-Jacques de Compostelle arrivaient tous à Puente-la-Reyna d'où ils prenaient une seule et même route, qu'ils arrivassent de Montpellier par Toulouse et la vallée d'Aspe

Charrue basque.

ou qu'ils vinssent du Puy, de Vézelay ou de Tours par Moissac, Périgueux ou Bordeaux, et Ostabat. Les trois derniers itinéraires aboutissaient en effet à Ostabat ; de là les voyageurs passaient à Saint-Jean, à Saint-Michel, à Roncevaux où ils étaient reçus dans l'hôpital et le couvent fondés, dit-on, par Charlemagne, et habités par des moines militaires qui portaient à leur épée en guise de garde une croix crossée. Ils atteignaient ensuite, par Pampelune, Puente la Reyna.

L'aspect général du pays est souriant et gai, sauf dans la partie méridionale de la Navarre qui se rattache au bassin de l'Èbre. Là, les montagnes sont dénudées, les pluies sont rares, les pentes âpres et incultes ; ce sont comme de vastes déserts. Mais partout ailleurs l'œil du voyageur est agréablement frappé par la variété des paysages. Dans les provinces françaises, par exemple, on trouve bien des escarpements abrupts et des sommets déboisés ; mais, tout au-dessous, tout à côté, les plaines sont cultivées, les montagnes sont peuplées de sapins, de hêtres, de chênes, de châtaigniers en massifs épais ou sporadiquement épars, en bouquets plus ou moins profonds, au milieu des prés, des vignes, des champs de blé ou de maïs. Malheureusement, une grande partie du pays est encore en friche : des terres souvent très fertiles sont couvertes uniquement d'une végétation parasite très abondante, formée presque exclusivement de fougères, de genêts épineux aux fleurs jaunes et de bruyères aux fleurs roses. De loin en loin, apparaît une gracieuse habitation dont les fenêtres sont décorées de longs cordons de piments rouges, dont la cheminée fume sans cesse, dont la porte demeure toujours ouverte. La maison est presque toujours accompagnée d'un jardin potager et d'un verger formé presque exclusivement de pommiers.

Du côté de l'Océan, la campagne est parsemée de maisons blanches et sillonnée de chemins, malheureusement presque tous en fort mauvais état, qui relient l'un à l'autre de jolis villages et de coquets hameaux. Dans la Soule et la Basse-Navarre, le pays est plus pauvre et plus triste, quoique toujours intéressant et pittoresque. Partout, en effet, les forêts, les cultures, les ruisseaux, les collines, les vallées, les rochers, les rivières et la mer s'harmonisent merveilleusement pour enchanter les regards. Aussi, à mesure que les moyens de communication se multiplient, le nombre des touristes qui recherchent le pays basque devient plus considérable; d'année en année, les gracieuses stations balnéaires maritimes, Saint-Jean-de-Luz et son admirable baie, Guéthary calme et paisible, Hendaye et sa belle plage, Saint-Sébastien brillant et joyeux, Zarauz et Lequeitio, plus humbles mais encore bien désirables, voient augmenter le personnel empressé des baigneurs et des touristes. Il en est de même des résidences thermales : Cambo, non loin de Bayonne; Lacarre, près de Saint-Jean-Pied-de-Port; Ahuzki, vers Tardets; Ormaiztegui, Vergara et Cestona, en Guipuzcoa; Carranza, en Biscaye; Fitero, en Navarre; et bien d'autres, sont de plus en plus fréquentées par les étrangers et de plus en plus renommées. Biarritz est même, pendant l'hiver, le rendez-vous d'un certain nombre de familles anglaises ou russes, qu'effraient le grand genre et la vie luxueuse et chère de Pau. En toute saison on peut, autour de toutes ces résidences, multiplier des excursions aussi agréables que peu pénibles : du haut des premières hauteurs de la chaîne des Pyrénées, l'œil embrasse un panorama splendide.

Les produits naturels du sol correspondent à sa nature géologique. Les Pyrénées occidentales présentent des types des diverses formations ; là-bas, le granit et le porphyre primitif ; là, les calcaires ; ici, les terrains d'alluvion. On y trouve en grande abondance du cuivre, du plomb, mais surtout du fer. Le minerai de fer est si abondant que le sol superficiel a souvent une couleur de rouille caractéristique. On rencontre partout des trous de mine et des traces d'une vaste exploitation ancienne par des procédés aussi imparfaits que primitifs ; l'exportation du minerai de fer est aujourd'hui la principale industrie de la région de Sommorostro, aux environs de Bilbao ; on en exporte plus de cent millions de tonnes. Les gisements appartiennent au terrain crétacé supérieur. Mais, dans tout le pays, beaucoup d'autres gîtes, dont la richesse est surprenante, sont encore entièrement inexplorés.

Quant aux cultures, la douceur relative du climat leur est extrêmement favorable. Les pluies sont fréquentes et très abondantes ; la proximité de la mer remédie d'ailleurs aux sécheresses extraordinaires ; et le vent de Sud-Est, chaud et sec, dernière effluve du sirocco de l'Afrique, vient souvent atténuer les fâcheux effets de l'hiver. Et cependant en agriculture, comme sous beaucoup d'autres rapports, les Basques sont très peu avancés.

« La charrue », dit M. Welster, « est remplacée chez eux par la vieille *laya,* un instrument au moins aussi ancien que l'époque romaine. C'est une lourde fourche à deux branches, ayant chacune de un à deux pieds de long. Un homme robuste en peut manier deux à la fois, les enfonçant d'abord dans le sol de toute leur longueur, puis retournant la terre par un vigoureux coup de main en arrière. Les champs ainsi cultivés donnent des produits excellents, mais au prix d'un travail considérable. »

Au surplus, au point de vue cultural, le pays basque doit être divisé en deux parties distinctes : les hautes montagnes couvertes de riches forêts, et la plaine cultivée partagée en champs de maïs et de froment, en vignes, en jardins potagers, avec, çà et là, quelques prairies ; il faut compter, parmi les terres à revenus, les vergers de pommiers et les châtaigneraies. De toutes ces cultures, celle du maïs est la plus importante.

Les hautes montagnes sont garnies de forêts de hêtres et de sapins, dont les produits ont peu de valeur faute de chemins praticables : des arbres magnifiques y pourrissent sur pied. Les régions moyennes et la plaine sont formées en grande partie de landes nues, où la tradition rappelle l'existence d'immenses forêts de chênes, et où l'on ne trouve plus que des genêts épineux et des bruyères ; une importante portion en est cependant encore boisée ; l'essence qui peuple ces forêts est le chêne, soit pédonculé, soit tauzin. Mais ces forêts sont dans un état pénible et tendent toutes plus ou moins à devenir prochainement des landes comme celles dont je viens de parler, pour les raisons qui vont être indiquées.

Les Basques ne connaissent guère d'autre engrais que l'engrais animal ; outre le *guano,* dont l'usage commence à se répandre, ils emploient principalement le fumier du mouton. L'élevage du mouton est donc fort important, aussi est-ce une véritable fortune qu'un troupeau de moutons ; comme en latin *pecunia* vient de *pecus,* en basque le mot *aberats* « riche » se rattache à *abere* « troupeau, bétail ». Le principal produit du bétail est le fumier ; on fait cependant du fromage avec le lait de brebis ; la laine a peu de valeur. Mais quelle litière donner au bétail ?

Il a paru tout simple aux Basques de faucher la fougère qui croît spontanément en abondance dans les parties claires des forêts, de même qu'il leur a semblé tout naturel de lâcher leurs troupeaux sans gardiens dans les bois voisins de leurs métairies. C'est ce qui a amené peu à peu le déboisement, c'est ce qui est la cause du maintien en friche de terrains de bonne qualité, c'est ce qui empêche les bois actuels de repousser et de se regarnir. Au reste, on a inventé, dans l'intérêt du pâturage et du *soustrage* (on nomme ainsi la coupe de la fougère), un système tout spécial d'exploitation forestière : on ne laisse debout que des arbres considérablement espacés, et ces arbres sont émondés périodiquement tous les dix ou douze ans, à une hauteur de quatre ou cinq mètres ; on a baptisé cette exploitation du nom pittoresque de *haut-taillis.* Comme on n'obtiendrait ainsi que du bois de chauffage, on réserve, de loin en loin, un bel arbre qu'on laisse croître librement, mais qui devient facilement noueux et se couvre trop souvent de branches latérales. De cette façon, partout et en tout temps, il devient possible de faire paître le bétail et de faucher la fougère, la bruyère, les genêts épineux, qui servent soit de litière pour les étables, soit de combustible pour les fours.

où s'élabore la chaux qu'on emploie beaucoup comme amendement. Des forêts traitées ainsi ne doivent elles pas disparaître à la longue ? A côté des *têtards,* rien ne repousse, car les glands qui tombent à terre sont vite dévorés par les porcs, et si par hasard des semis se produisent, un fauchage impitoyable ne tarde pas à les atteindre. Lorsqu'un tronc pourrit et s'écroule, on le remplace par un plant déjà grand pris dans une pépinière *ad hoc* et qui meurt trois fois sur quatre ; on garnit ce plant d'épines pour le protéger contre la dent du bétail, qu'on empêche d'ailleurs ainsi de venir s'y frotter. Malgré tout, néanmoins, on trouve, dans certains ravins d'un accès un peu difficile, une végétation naturelle luxuriante, ce qui montre combien le sol est partout fertile.

Les provinces espagnoles produisent du blé, de l'huile, du cidre, et ces vins de Navarre renommés dans tout le pays, mais souvent peu appréciés par ceux qui n'en ont pas bu sur place. Les Navarrais transportent, en effet, leurs vins dans de grandes outres en peau de bouc qui ont la forme des jarres espagnoles ou des amphores romaines ; les vins y contractent un goût désagréable : ils sont naturellement capiteux et forts en couleur.

Les Navarrais s'adonnent aussi à l'élève de la viande de boucherie. L'industrie pastorale a eu de tout temps une grande importance dans cette province, car de nombreux traités assuraient à ses troupeaux le libre parcours sur le territoire français, au-delà de l'Adour et jusqu'auprès de Bordeaux.

Mais en fait d'industries propres au pays, on ne peut guère citer que des fabrications d'objets destinés pour la plupart à être consommés sur place, chaussures en espadrilles, bérets, *marrègues* (on nomme ainsi une espèce de gros drap dont on fait des manteaux et des genouillères), ateliers d'incrustations d'or et d'argent sur cuivre et sur acier, conserves alimentaires (thon mariné à Saint-Jean-de-Luz), gants ou raquettes pour le jeu de paume, etc., etc. Il ne faudrait pas oublier les salines de l'Alava et du Guipuzcoa, et en France celles de Urcuit, de Briscous et de Villefranque, où l'on exploite de riches mines de sel gemme; les extractions de kaolin entreprises à Louhossoa, presque à moitié route entre Saint-Jean-Pied-de-Port et Bayonne; les exploitations de plâtre de Zumaya; les fabriques d'armes de Eibar et de Plasencia et les papeteries de Tolosa (dans la province de Guipuzcoa); les distilleries de Hendaye; mais ces établissements appartiennent pour la plupart à des étrangers et les ouvriers qui y travaillent ne sont généralement pas Basques.

On remarquerait de même une surabondance d'ouvriers étrangers (Français, Italiens, Allemands), dans les mines de la Biscaye. D'autre part, comme nous l'avons vu, le sol cultural est mal traité et beaucoup de terres exploitables sont en friche. Il semblerait, par conséquent, qu'un mouvement d'immigration devrait se produire vers une région en apparence insuffisamment peuplée. C'est pourtant le contraire qui a lieu ; depuis quelque cinquante ans, les Basques émigrent en si grande quantité vers les rives de l'Amérique, qu'on évalue à plus de deux cent mille le chiffre de ceux qui sont aujourd'hui définitivement fixés aux environs de Buenos-Ayres et de Montevideo, au Mexique ou à la Havane.

La population générale du pays basque européen est de près d'un million de personnes ainsi réparties :

Arrondissement de Bayonne	102,039
Arrondissement de Mauléon	63,247
Navarre	318,700
Guipuzcoa	180,700
Alava	103,300
Biscaye	187,900
	955,886

Ces chiffres sont tirés des recensements de 1870 pour l'Espagne et de 1876 pour la France ; ils n'ont pas dû beaucoup varier ; on verra plus loin qu'il conviendrait de réduire le total à six cent mille environ si l'on ne tenait compte que des individus parlant la langue basque, les seuls proprement Basques à vrai dire. Les principales villes du pays sont, outre Bayonne (28.000 habitants), Biarritz (8,000), Saint-Jean-de-Luz (4,000), Saint-Palais (1,800), Mauléon (2,100), Saint-Jean-Pied de-Port (3,500), Tardets (1,500), en France ; et, en Espagne Pampelune (25,000), Tudela (9,000), Estella (8,000), Tolosa (9,000), Saint-Sébastien (21,000), Victoria (18,000), Bilbao (32,000), pour ne citer que les plus importantes. Nulle part, en Espagne, la population n'est plus considérable sur un territoire de même surface.

La population du pays basque, aussi bien en France qu'en Espagne, paraît diminuer sensiblement ou du moins n'augmente pas dans une proportion normale, malgré le chiffre élevé des naissances annuelles : comme dans tous les pays pauvres, les familles basques sont très nom-

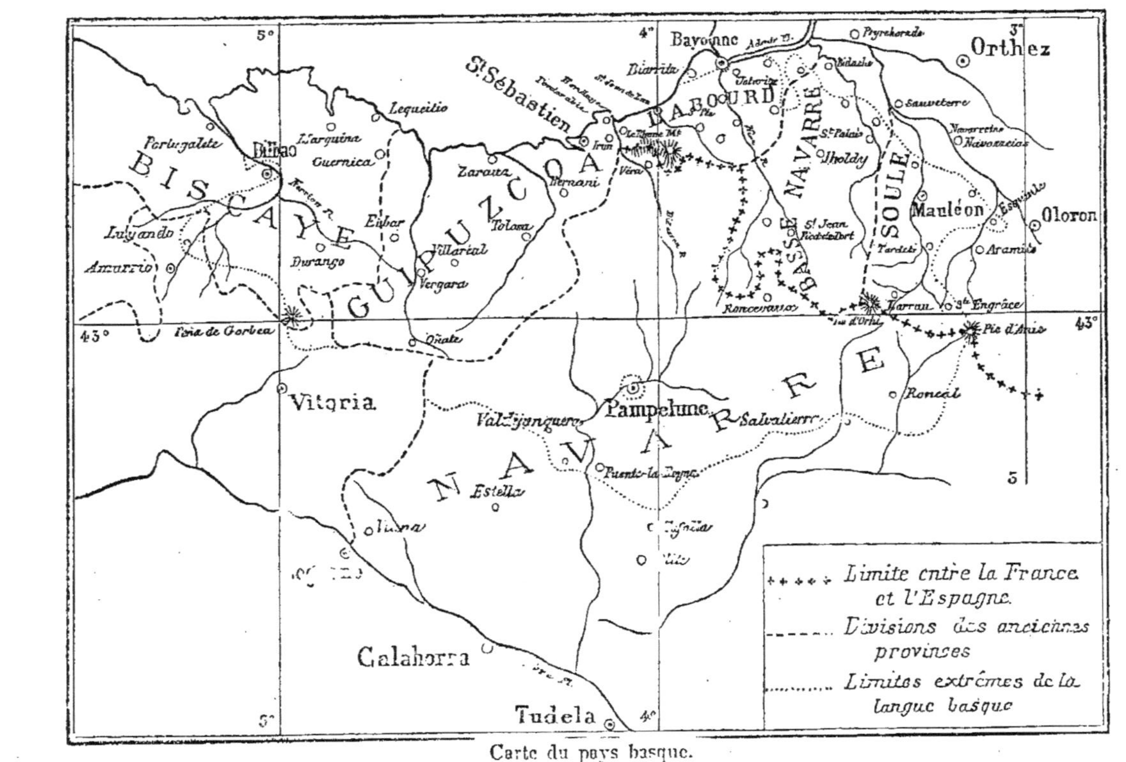

Carte du pays basque.

breuses; dans l'arrondissement de Bayonne, j'estime que chaque ménage produit en moyenne six enfants, dont souvent plus de trois filles.

La stagnation de la population a certainement pour cause principale l'émigration; ne trouvant pas de ressources suffisantes dans le pays, les jeunes gens et les jeunes filles s'expatrient dès l'âge de quinze ou seize ans. Les filles vont se placer comme domestiques dans les grandes villes : Bordeaux en recueille un grand nombre; le plus souvent elles s'y marient et ne reviennent plus au pays. Les garçons vont également s'établir dans les départements voisins : les domestiques basques étaient fort recherchés il y a deux cents ans, n'en jugerait-on que par les comédies où figure toujours un laquais « Basque ». Chalais avait un valet de chambre originaire de Saint-Pée-sur-Nivelle dont la correspondance basque a figuré dans le procès de son maître. Le Pays cherchait à Saint-Jean-de-Luz en 1659 un petit garçon pour une dame de ses amies.

Mais la grande émigration est celle vers l'Amérique du sud, ce que les Basques appellent « partir pour les Amériques ». Il y a eu des périodes, celle par exemple de 1865 à 1875, où les Basques, Français et Espagnols, étaient pris à cet égard d'un véritable engouement; tous les mois, tous les quinze jours même, on en voyait s'en aller des troupes nombreuses. Ils s'expatrient encore aujourd'hui, mais les départs des convois sont moins fréquents. Pendant la semaine qui précède leur embarquement, hommes et femmes parcourent la ville par bandes joyeuses, pauvrement vêtues, dansant le *fandango* sur les places et à tous les carrefours au bruit du tambourin ou au son de la guimbarde, ou chantant bruyamment les plus jolis airs du pays; sur les quais de Bordeaux, Bayonne, Saint-Sébastien, Le Passage, et dans les gares de chemin de fer s'amoncellent leurs malles caractéristiques, toujours pentagonales et quelque peu semblables à des cercueils. De ceux qui émigrent ainsi, presque tous se placent avantageusement en Amérique, mais peu s'enrichissent: quelques-uns de ces derniers reviennent dans le pays où leur exemple excite puissamment leurs compatriotes à quitter au moins pour un temps la patrie qui ne peut les nourrir.

Outre l'émigration, il est d'autres causes de dépopulation, beaucoup moins importantes, mais sensibles encore: beaucoup de jeunes gens entrent au séminaire; il y a diminution dans le nombre des mariages ou les unions se forment plus tardivement: on rencontre aujourd'hui un assez grand nombre de vieilles filles dans le pays basque; cela tient à ce que les hommes émigrent en bien plus grand nombre que les femmes.

Parmi les raisons déterminantes de l'émigration en Amérique, l'une des plus décisives était certainement l'effroi qu'inspirait aux jeunes Basques la perspective du service militaire; cet effroi a diminué, heureusement, depuis quelques années; la réduction du temps du service, les réunions des réservistes et des territoriaux, la mobilisation des célibataires en 1870-1871, ont habitué les Basques à l'uniforme et la presque certitude de ne pas être envoyé dans une province éloignée, pour une longue durée de sept ans, leur fait paraître aujourd'hui la discipline sous des couleurs moins sévères.

Pour faire comprendre l'importance de la question, on

me permettra de donner quelques chiffres. Les statistiques concernant l'émigration commencent, en ce qui concerne le département des Basses-Pyrénées, à 1829 : beaucoup des personnes comprises dans ces chiffres sont originaires des provinces basques espagnoles. En 1829, on a compté 7 émigrants ; en 1834, il y en a eu 85, mais depuis 1835, le chiffre s'est élevé rapidement, comme le démontre le petit tableau suivant :

1829...........	7	1841...........	2,827
1834...........	85	1842-1846......	4,565
1835...........	644	1846-1847......	572
1836...........	299	1848-1849......	1,012
1837...........	317	1849-1850......	1,011
1838...........	1,887	1852-1857......	9,086
1839...........	217	1858-1862	4,075
1840...........	1,346	1866-1872......	9,500

La proportion, quant à la qualité des personnes, est indiquée par les chiffres ci-après :

1854........ 2,133 hommes et 702 femmes.
1856-1862... 3,439 — 1,825 femmes, 587 enfants.

Les déclarations des émigrants qui prennent des passeports réguliers établissent que les causes avouées de leur départ sont l'insuffisance des salaires et la difficulté croissante de vivre au pays natal en raison de la raréfaction des subsistances, les invitations des précédents émigrés qui envoient des fonds dans le pays, l'exemple de ceux qui reviennent après avoir fait fortune en peu de temps, les facilités accordées par les agences pour le paiement des passages, enfin l'ardente propagande des agents d'émigration.

Les hommes ou les femmes qui se transportent ainsi dans la république Argentine y vivent, paraît-il, assez à l'aise vu le bon marché relatif des subsistances et l'élévation des salaires. On y donne, outre le logement et la nourriture, de soixante à quatre-vingts francs par mois aux domestiques de maison ; le salaire des ouvriers journaliers et employés dans l'industrie varie de huit à vingt francs par jour. Ces prix sont certainement rémunérateurs, mais ils ne permettent point de faire, comme on dit vulgairement, fortune ; ceux-là seuls s'enrichissent qui, par leur activité, leur travail, ou leur intelligence parviennent à fonder des maisons de commerce, à entreprendre des exploitations agricoles, à diriger d'importants établissements industriels.

L'industrie où les Basques trouvent le mieux leur emploi est, affirme-t-on, celle des *saladeros* de la Pampa. On connaît ces grandes fabriques de viandes salées qui envoient leurs produits dans le monde entier, bien que les habitants du pays se nourrissent de viande fraîche à raison chacun d'un kilogramme au moins par jour. Près de quatre-vingts millions de bêtes à cornes paissent dans les *estancias* « fermes ouvertes », dont l'ensemble ne couvre pas la dixième partie des pampas : il reste près de vingt mille lieues carrées où l'activité des travailleurs peut encore librement se donner carrière. Le propriétaire des troupeaux se fait, dans les conditions les plus défavorables et par les procédés les plus défectueux, un revenu net et assuré d'au moins vingt pour cent.

On crie beaucoup contre l'émigration dans les Basses-

Pyrénées; tous les réactionnaires du pays et même beaucoup de républicains cherchent à arrêter ou à ralentir le mouvement. Il est certain qu'il y aurait beaucoup à faire dans le pays même; mais les causes de l'émigration ne sauraient être supprimées par des considérations théoriques ou par des entreprises de détail. Que le Basque ait été soldat ou non, il vit mal chez lui et peut vivre bien en Amérique ; si le rétablissement du droit d'aînesse (on l'a demandé) promet à quelques-uns la pleine jouissance du domaine patrimonial, les cadets n'en seront pas moins amenés à s'expatrier en masse ; si l'on amnistie les émigrants insoumis, ceux qui se sont établis là-bas, y ont fondé une famille, s'y sont créé des intérêts ou des positions honorables, n'en reviendront pas en plus grand nombre. Et d'ailleurs ces mouvements d'hommes, ces voyages, ces luttes pour l'existence ne sont-elles pas éminemment utiles au progrès social? Il est manifeste que la plupart des Basques qui reviennent d'outre-mer ont l'esprit plus ouvert, le sens pratique plus développé, le sentiment politique plus exact, que leurs compatriotes sédentaires.

En fait, il y a sur les rives de l'Amérique du sud et dans l'intérieur du Nouveau-Monde environ deux cent mille Basques qui prospèrent plus ou moins, qui parlent leur langue, et fondent jusqu'à des sociétés littéraires dont une au moins porte le nom basque de *laurac bat* « les quatre provinces (basques) n'en font qu'une ». Je ne vois pas le mal que cela peut faire au pays basque français ou espagnol, tant qu'il n'essaiera pas d'entrer de lui-même dans la voie féconde du progrès, seule condition essentielle et nécessaire pour l'existence des peuples modernes.

CHAPITRE II

LE PAYS BASQUE

HISTOIRE RELIGIEUSE, CIVILE ET POLITIQUE — FUEROS

Je ne prétends pas faire ici toute l'histoire du peuple basque ; il n'est pas possible d'ailleurs d'entreprendre un travail de cette nature, car les documents et les renseignements précis font entièrement défaut. Les Basques n'ont aucune légende, aucune tradition, aucun souvenir historique. Ils n'ont en tout et pour tout que leur admirable idiome ; mais, au point de vue historique, on ne saurait, jusqu'à présent du moins, en retirer aucun indice.

Au surplus, il est vraisemblable que jamais il n'y a eu, dans le sens propre du mot, de nationalité basque. L'existence dans toute l'Espagne, dans le midi de la Gaule, en Italie et jusqu'en Sardaigne et en Corse, d'une seule et même race qui parlait une langue parente du basque, n'est qu'une hypothèse sans fondement sérieux. Il est au contraire infiniment probable que les Basques n'ont jamais été, aux époques les plus reculées, qu'une tribu peu nombreuse, cantonnée dans quelques vallées des Pyrénées occidentales, et dont l'état de civilisation était des plus rudimentaires. Du moins leur langage, à en juger par le basque moderne, était très pauvre : point d'expressions indiquant des idées abstraites ; point de « Dieu », de « loi », de « roi » ; point ou très peu d'ustensiles domestiques ; pour arme, une « hache » dont le nom, *haizkora,* paraît dérivé du mot *haitz* « pierre, rocher ». Les animaux et les végétaux reconnus et utilisés étaient peu nombreux. Le vocabulaire pastoral est bien mieux fourni que le vocabulaire agricole. Chaque mot présente un grand nombre de synonymes, ce qui pourrait indiquer que les tribus antiques communiquaient peu entre elles ; les expressions générales manquent : par exemple, chaque espèce d'animal ou chaque essence d'arbre a son nom, mais il n'y a point de mot pour « animal » ou pour « arbre » ; on ne peut pas dire « sœur », mais on distingue la sœur d'un homme de celle d'une femme. C'est là l'indice d'un état mental peu avancé.

Je verrais volontiers une preuve de cet état pour ainsi dire sauvage des vieux habitants des Pyrénées dans quelques passages des historiens du moyen âge. Il y est parlé des populations montagnardes : qu'on les appelle *Cantabres, Vascons, Vaccéens,* etc., on est unanime à les dépeindre sous des traits aussi peu flatteurs que possible. Les pèlerins qui traversaient les Basses-Pyrénées il y a huit ou neuf siècles redoutaient extrêmement leur rencontre. En l'an 1120, l'évêque de Porto dut se dépouiller de ses vêtements pontificaux et prendre l'habit et les allures d'un mendiant pour passer sain et sauf au milieu de ces hommes « assassins, toujours prêts au mal, cruels et effrénés », qui parlaient « une langue inconnue ». C'étaient eux sans doute qui, trois cents ans auparavant, avaient pillé les bagages de l'arrière-garde de l'armée franque et tué Roland, préfet des marches de Bretagne ; le coup fait, ils se dispersèrent

Croix de Charlemagne à Roncevaux.

rapidement ; cet accident historique d'une fort mince importance est devenu, comme chacun sait, la source d'un vaste cycle légendaire.

Un Français, Aimeric Picaud, s'en fut en pèlerinage à

Saint-Jacques de Compostelle, vers le milieu du XIIe siècle. Il y laissa un précieux manuscrit qui nous a été conservé et où se trouve un itinéraire très complet. Si ce *codex* est authentique, les Basques de cette époque étaient déjà bons catholiques en ce qui concerne l'assiduité aux offices ; mais ils exploitaient, pillaient, détroussaient sans scrupule les voyageurs ; ils les soumettaient même à un genre de supplice assez original, ils les « chevauchaient comme si c'eussent été des ânes ». Ils leur offraient pour traverser les rivières des bateaux très petits où ne pouvaient entrer les montures qu'on devait tirer après soi dans l'eau par la bride, aussi les accidents étaient-ils très fréquents, mais les mauvais passeurs ne repêchaient point les étrangers dont ils prenaient sans vergogne les juments et les bagages. Que si la traversée avait été heureuse, ils brandissaient leurs armes, au moment où le voyageur allait payer le prix fixé par un tarif immémorialement accepté (une obole par homme et un écu par cheval), et exigeaient une somme double ou triple, même des pèlerins qui, d'après les conventions, étaient exempts de tout impôt. Une sentence formelle d'excommunication fut rendue, au troisième concile de Latran, en 1179, contre les « Basques et Navarrais » qui « exercent tant de cruautés contre les chrétiens, gâtant et dévastant tout à la façon de païens, sans épargner les vieillards, les pupilles, les veuves, les enfants, sans avoir aucun égard au sexe ou à l'âge ».

Le témoignage des hagiographes n'est pas moins affirmatif. Le pays basque a produit, à l'époque où ses habitants furent convertis au christianisme, époque d'ailleurs incertaine, un certain nombre de saints. Or, le plus important de ces personnages, saint Léon, premier évêque de Bayonne, arrivait de Normandie. Envoyé par le Sacré Collège pour convertir l'Espagne, il rencontra des « Basques pillards » dont il ne comprenait point le langage. Après avoir pénétré dans les forêts des « Basques et Navarrais », il revint à Bayonne où il fut assassiné par « des pirates très cruels et des satellites du démon ». Cet événement aurait eu lieu le 1er mars 844 ou 904 de notre ère. Saint Léon est célèbre, comme saint Denys, saint Gaudens, sainte Solange et beaucoup d'autres, pour avoir porté sa tête dans ses mains après sa décollation.

On a attribué la même aventure merveilleuse à une autre sainte, originaire du pays, sainte Eusébie. Elle était fille de sainte Rictrude et de saint Adalbald. Ce dernier, envoyé par Dagobert en Vasconie, y avait épousé Rictrude, fille d'un grand seigneur du pays ; elle était « dévouée à Dieu, au milieu de gens adonnés aux pratiques diaboliques » qui plus tard assassinèrent son mari.

Vers la même époque, un autre évêque, saint Amand, chassé par Dagobert dont il avait blâmé « l'incontinence », se réfugia chez Charibert, duc d'Aquitaine, qui avait battu les Vascons en 631 et avait annexé leur pays à son domaine. Il passa « chez ces peuples où il espérait obtenir les palmes du martyre, à cause de leur férocité ».

Déjà, Prudence, au quatrième siècle, avait parlé de la « brutalité païenne des Vascons ».

Il est donc bien difficile, à moins d'admettre une décadence sans exemple, d'assimiler les Basques aux antiques populations de l'Espagne et de l'Aquitaine dont les auteurs classiques nous ont transmis les noms et ont esquissé les mœurs. A mon avis du moins, ni les Turdétans qui, selon Strabon, savaient écrire et conservaient des poèmes vieux de six mille ans ; ni les Calagurritains ; ni les Celtibères, n'étaient Basques. En faut-il dire autant des peuples placés par les géographes et les historiens classiques vers les Pyrénées mêmes, les Cantabres, les Vascons, les Vaccéens, les Callaïques, les Astures, les Boiates, et d'autres encore ? Je ne saurais l'affirmer, mais les éléments d'identification manqueront toujours ; et je préfère, pour ma part, voir dans les Basques une tribu peu nombreuse, réfugiée depuis des siècles dans un coin des montagnes franco-espagnoles, sans civilisation, sans histoire, antérieure aux grands mouvements de migration qui paraissent avoir suivi la dernière période glaciaire, quelque vingt mille ans peut-être avant l'ère chrétienne. Spécimen oublié de ces races incultes, dernier représentant de ces êtres à peine hommes qui chassaient le renne et l'ours des cavernes (dont on a, paraît-il, trouvé des ossements fossiles dans les grottes de Sare), restes inconnus des Troglodytes de l'âge de pierre, les Basques, immobiles, immuables et insouciants, auront vu passer à leurs pieds les Celtes, les Ibères, les Romains, les Carthaginois peut-être, à coup sûr les Arabes, les Goths, les Francs, les Normands même, jusqu'au jour où, cédant eux-mêmes à la loi fatale du progrès, débordant de leurs retraites, ils se sont mêlés à la grande civilisation latine qui les emporte désormais dans son incessante et implacable évolution.

Inconnus, ai-je dit, pas tout à fait sans doute, car, si la faim chasse le loup du bois, la nécessité dut plus d'une fois pousser les Basques à descendre de leurs montagnes pour attaquer les campements ou les villes de la plaine ; et plus d'une fois aussi, pour protéger leurs colonies, les Romains durent envoyer des soldats dans les repaires de ces incorrigibles sauvages. Traquées, affamées, cernées, des bandes entières durent plus d'une fois être prises, emportées au sens littéral du mot, et établies de force loin de leur pays d'origine. C'est ainsi que Pompée, à ce que racontent saint Jérôme et Isidore de Séville, enleva des Vascons et en forma une colonie qui est devenue Saint-Bertrand de Comminges. D'autres colonies ont pu être ainsi formées et par là s'expliquerait la présence, dans le midi de la Gaule et en Espagne, de villes anciennes dont le nom semble appartenir à la langue basque [1].

Est-il nécessaire, dans cette hypothèse, de parler des luttes que soutinrent les habitants du pays basque actuel contre les Romains vraisemblablement, contre les Goths et les Francs très certainement ? Je ne crois pas inutile de dire quelques mots au moins de ce qui se passa sous les Goths et sous les Francs mérovingiens, d'après les chroniqueurs du temps, Grégoire de Tours, Frédégaire, Isidore, et autres ; il y a là des faits offrant quelque intérêt pour l'histoire de notre patrie.

Clovis s'empara de l'Aquitaine et par suite de toute la Gascogne et du pays basque actuel, à la mort d'Alaric, en

---

[1] Je suis extrêmement sceptique à l'égard des étymologies et des identifications de localités anciennes. Il ne me répugnerait pourtant pas de voir le nom moderne *Oiharzun* ou *Oyarzun* dans l'*Oiasôn* de Strabon, l'*Œaso* de Mela, et l'*Olarso* de Pline, qui aurait occupé l'emplacement actuel de Saint-Sébastien ou du Passage ; un village du nom d'Oyarzun existe encore à 8 ou 10 kilomètres de là.

l'an 502 de notre ère. Mais, vers l'an 573, sous le règne de Clotaire II encore enfant, des bandes pillardes, venant d'Espagne, passèrent les Pyrénées, ravagèrent les champs et les vignes, s'emparèrent des troupeaux ; en vain le duc Austrovald tenta de les arrêter, leurs incursions recommencèrent de plus belle et s'étendirent de plus en plus. En 602, Théodebert et Théodoric envoyèrent une armée contre eux, les battirent, leur imposèrent un tribut et leur donnèrent pour chef un nommé Genialis. La leçon n'avait sans doute pas suffi, car en 636, Dagobert dut envoyer du fond de la Bourgogne une armée qui occupa tout le pays. « Quand ils virent », dit Frédégaire, « dès le commencement de la bataille qu'ils allaient être battus, ils tournèrent le dos suivant leur habitude lorsqu'ils n'étaient pas les plus forts, et se réfugièrent dans les gorges et les rochers des Pyrénées. » Mais les soldats les poursuivent, les tuent, les prennent, « brûlent leurs maisons et les dépouillent de tout ce qu'ils ont ». Ils firent leur soumission et demandèrent la paix. L'armée s'en revint fort heureusement, quoique dans la vallée *Subola* (ou *Robola*), le duc Arembert (ou Harimbert) fut massacré avec ses principaux compagnons « par suite d'une négligence ».

L'année suivante, les vaincus, que tous les historiens appellent Vascons, envoyèrent, sous le commandement d'un nommé Aiginan (ou Amand), une véritable ambassade à Dagobert, alors à Clichy, pour lui promettre obéissance. Nous voyons pourtant qu'en 742 ils se révoltèrent encore et ne furent domptés qu'en 745.

Ils n'avaient pas été plus sages de l'autre côté des Pyrénées. En 610, le roi wisigoth Gundemar leur avait infligé une première leçon ; mais en 672, Wamba envahit leur pays, le ravagea, brûla leurs maisons, et les pourchassa tellement que, « déposant la férocité de leurs âmes », ils donnèrent des otages et implorèrent la paix.

S'agit-il ici des Basques ou d'un autre peuple ? Quoi qu'il en soit, l'invasion musulmane passa à travers leurs montagnes sans y laisser la moindre trace ou le moindre souvenir. Leurs habitudes n'avaient point changé, puisque moins d'un siècle après, quand Charlemagne revint de son expédition contre Marsile, ils laissèrent passer le gros de l'armée, fondirent sur l'arrière-garde et tuèrent le fameux Roland. C'est à Roncevaux qu'aurait eu lieu cette affaire : ceux qui en doutent n'ont qu'à aller visiter le couvent qui y existe encore et les bâtiments qui l'entourent. Ils y verront, soigneusement conservées, les masses d'armes d'Olivier et de Roland et les pantoufles de l'archevêque Turpin; ils y pourront voir aussi d'autres reliques, non moins authentiques et tout aussi précieuses, un doigt de sainte Anne, deux épines de la couronne de Jésus-Christ, du propre sang du même Jésus-Christ, enfin du lait de la Sainte-Vierge.

Nous sommes encore dans la période incertaine de l'histoire du pays. Les divers noms des provinces basques dont les limites ont d'ailleurs varié, au moins quant à la Biscaye, ne donnent aucune indication sur l'époque où ces divisions ont été établies.

Les noms de Navarre, d'Alava, de Biscaye, de Guipuzcoa, n'apparaissent pas avant le dixième ou le onzième siècle. Que signifient-ils ? Je ne puis le dire. On a voulu expliquer « Navarre » par le basque *Nabarra, Gnabarra,*

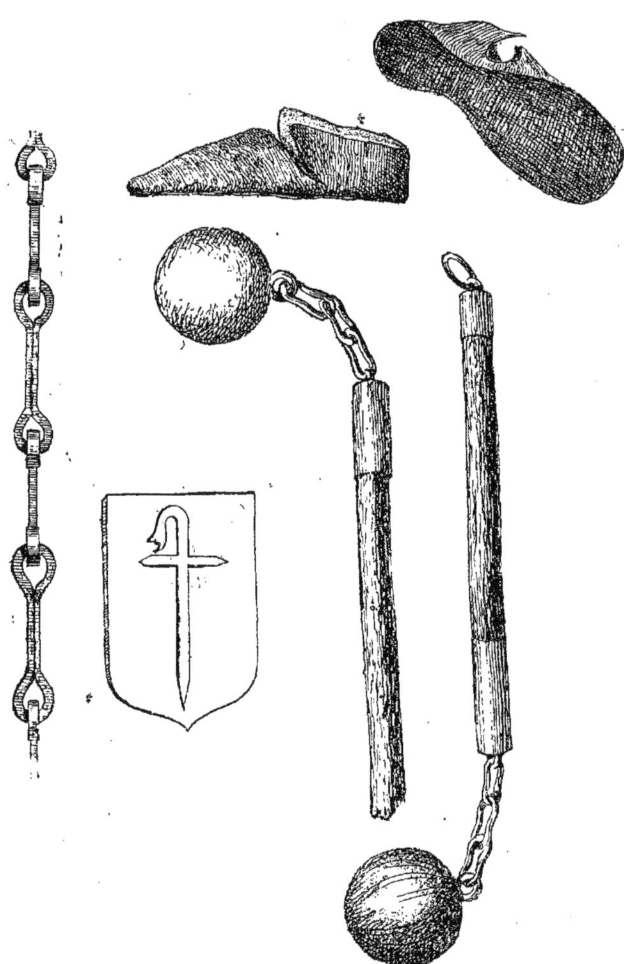

Reliques historiques conservées à Roncevaux.

« bigarré, chatoyant », par allusion à la diversité de nature de son sol, mais cela n'est pas sérieux. Encore moins admissible est l'explication d'« Alava » par *Alaba* « fille », sous le fallacieux prétexte que cette province est la fille des autres, a été peuplée par le Guipuzcoa et la Biscaye. « Guipuzcoa », où l'*u* ne figure que pour rendre le *g* dur, s'écrivait naguère par *i* sans *g* initial, ce qui est peut-être l'indice d'une aspiration ancienne ; quoi qu'il en soit, un fantaisiste du commencement de ce siècle y voyait le sens de *Gu-iz-pusk-ko ak,* « nous, ceux dont la parole a été brisée », c'est-à-dire « nous, dont le langage a été détruit et confondu, nous qui étions dans la tour de Babel ; » de là à supposer, avec l'abbé Diharce de Bidassouet que le père éternel parlait basque, il n'y a qu'un pas ; d'autres lisaient *egui putzua* « puits de vérité », ce qui est très joli, mais peu clair. Il a été proposé pour « Biscaye » une étymologie plus extravagante encore ; un honnête Espagnol, partant du mot *Bizcaino* « biscayen », assure que ce nom a dû être donné aux habitants du pays par Auguste qui, irrité de leur résistance inflexible, les traitait de « deux fois Caïns », *bis Caïnes.*

Quant à la Basse-Navarre, faut-il en faire « la partie basse de la Navarre », ce qui n'est peut-être pas topographiquement très exact, ou dans le qualificatif « basse » faut-il plutôt voir le basque *baso, basa, bas* « sauvage, forestier, montagneux ? » Les lecteurs apprécieront. Le nom de la Soule, en latin *Subola, Sola,* en basque *Zuberoa,* qui est beaucoup plus ancien, n'est pas mieux expliqué.

L'appellation « Labourd » est encore plus sûrement ancienne et authentique. Bayonne, *Boius, Boiatum* ou *Boc-*

tum civitas, paraît avoir porté le nom de « Lapurdum ». La notice des dignités civiles et militaires de l'empire d'Occident dit qu'il y avait un tribun de la cohorte novempulanienne en résidence à Lapurdum (vers 400 ap. J.-C.). Sidoine Apollinaire (vers 450) parle avec éloges des langoustes de Bayonne ou du Labourd, *locustæ lapurdenses*. Dans le traité d'Andlau (588), la part de Childebert comprend deux portions de « Lapurdo ». Mais quel est le sens de ce mot ? On y a vu la terminative *di* « pays, région, enclos, demeure » et *lapur* « voleur » ; ce serait quelque chose comme « pays de voleurs, de pillards » ; mais il paraît bien difficile d'admettre que des gens s'appellent eux-mêmes « voleurs ». Il est vrai que les Basques pourraient avoir appelé le pays ainsi à cause des habitudes de ceux qui les y avaient précédés. Mais l'orthographe *lau-urdi,* adoptée par un écrivain basque de 1718, suggère une étymologie plus admissible peut-être ; *lau-urdi,* qui aurait très bien pu devenir *laburdi,* puis *lapurdi,* signifierait « pays des quatre eaux, des quatre fleuves (Bidassoa, Nivelle, Nive et Bidouze) ». Quant à la capitale *Bayonne*, on y a vu *Ibai-on* « bonne rivière », comme dans *Baigorry* on voit *Ibaigorri* « rivière rouge, c'est-à-dire dont les eaux sont colorées en rouge » par l'oxyde de fer si abondant dans les roches qu'elle traverse.

Faire l'histoire des Basques ou de leur pays, dans le sens ordinaire de ce mot « histoire », serait donc une entreprise extrêmement difficile. Après avoir indiqué les incursions des Normands qui, dit-on, s'avancèrent jusqu'en Bigorre où ils détruisirent les thermes et les piscines romaines, considérerons-nous comme faits historiques intéressant le Labourd les voyages dans ce pays, pour ne parler que des rois de France, de François Ier, de Charles IX et de Louis XIV? On sait que le grand Roi épousa l'infante Marie-Thérèse, à Saint-Jean-de-Luz, le 9 juin 1660 : la grande porte de l'église fut murée le lendemain ; elle a été tout récemment restaurée. Faut-il parler de l'île des Faisans ou de la Conférence? Faut-il rappeler la prise de Bayonne par Alphonse le Batailleur, roi de Navarre, en 1168 ; les sièges avortés mis devant cette ville par Henri de Transtamare en 1374 et trois ans après par les troupes castillanes ; sa capitulation signée le 15 août 1451 par son commandant et qui termina la conquête de l'Aquitaine par les soldats du roi de France? Faut-il raconter la tragi-comédie de l'abdication de Charles IV, père de Ferdinand VII, entre les mains de Napoléon, au château de Marrac, à la porte de Bayonne? Mais il n'y a là vraiment rien qui intéresse spécialement les Basques.

Au surplus, l'histoire des sept provinces basques ne commence réellement qu'au huitième ou au neuvième siècle, c'est-à-dire après l'invasion musulmane de l'Espagne. La domination des Sarrazins ne dut jamais être solidement établie dans ces régions montagneuses, d'accès difficile, peuplées de gens pauvres et demi-sauvages. Aussi est-ce là que se réfugièrent les chrétiens indépendants, les débris des armées nationales, les descendants des seigneurs goths, et c'est de là que partirent les premiers appels de guerre, c'est là que s'organisèrent les premiers essais de résistance, c'est là que se prépara ce qu'on appelle la « reconquête ». On ne voit pas bien quel rôle jouèrent les Basques dans ce mouvement, car leur trace ne s'y retrouve nulle part : tout y est chrétien et surtout espagnol, c'est-à-dire gothico-romain.

Les peuplades qui habitaient alors les provinces septentrionales de l'Espagne, et qui étaient restées indépendantes, avaient en commun la haine des conquérants orientaux ; peu à peu et sous la direction de chefs habiles et entreprenants, ces « rebelles » se groupèrent, s'organisèrent, et formèrent vraisemblablement un grand nombre de républiques ou d'états fédératifs d'où sortirent bientôt les royaumes des Asturies à l'Ouest, et de Sobrarve, puis de Navarre et d'Aragon, à l'Est. Le premier roi de Sobrarve, contemporain de Pélage, fut, paraît-il, vers l'an 724, un certain Xavier Ximenès. La Biscaye forma de même une « seigneurie » soumise à un certain Ozmin. L'Alava, plus avancé dans le territoire soumis aux Maures, constituait une *Behetria* : le sens exact de ce mot n'est pas connu, mais le gouvernement de la province était essentiellement oligarchique. Le Guipuzcoa et le Labourd ne semblent pas s'être élevés jusqu'à former des états distincts ; ils comprenaient seulement de nombreuses confédérations territoriales désignées sous le nom espagnol de *Hermandades* (fraternités) : ce mot se retrouve sous la forme gasconne *Armantat* dans un document du temps de Henri IV d'Angleterre où il est parlé de la condition originelle des habitants du Labourd. La Soule et la Basse-Navarre dépendaient du royaume de Navarre et en ont longtemps suivi le sort : elles comprenaient un certain nombre de vicomtés vassales ; celle de Soule eut la plus longue durée. Le Labourd forma également une vicomté vassale des ducs de Vasconie, puis d'Aquitaine ; en 1177, Bayonne, devenue prévôté royale, cessa d'appartenir au vicomte qui transféra sa résidence à Uataritz où le remplaça plus tard un bailli royal.

Je ne saurais raconter ici les péripéties successives de la lutte entreprise contre les Sarrazins par les Navarrais et les Basques ; je rappellerai seulement qu'en 921 à Val-de-Funquera, à plus de vingt kilomètres au S.-E. de Pampelune, l'armée chrétienne fut écrasée par les troupes d'Abderrahman, Khalife de Cordoue, qui emmena en captivité Hermoygius, évêque de Tuyd. L'évêque obtint sa liberté quelque temps plus tard, mais il dut laisser en otage son neveu Pélage que le Khalife fit mettre à mort le 9 juin 925. La ville de Saint-Palais tire son nom, affirme-t-on, de celui du jeune martyr. En revanche, le 16 juillet 1212, les rois de Navarre, d'Aragon et de Castille coalisés battirent à plate couture les musulmans dans la plaine connue sous le nom de Las Navas de Tolosa, à 48 kil. au nord de Jaen en Andalousie. A cette bataille avaient pris part des Biscayens commandés par un certain Diego de Haro. Les chaînes qui entouraient la tente du Khalife furent emportées comme trophées de guerre par le roi de Navarre, Sanche le Fort ; il en distribua des morceaux aux églises de Pampelune, d'Irache, de Tudela et de Roncevaux où elles se voient encore. C'est depuis lors que, sur l'écu de Navarre, figurent les fameuses « chaînes ».

Mais pour en revenir aux Basques et aux chrétiens du Nord, le principe fondamental de ces constitutions d'États, celui qui domine toute l'histoire civile et politique de l'Espagne, c'est l'indépendance pendant l'invasion sarrazine et la part prise à la guerre de reconquête. Par là s'expliquent les différences de condition des divers habitants des provinces. En Castille, en Léon, le roi est le seul maître souverain et propriétaire du sol ; en Navarre, il le partageait, au fur et à mesure, avec ceux qui l'aidaient à en chasser les infidèles : ceux là seuls parmi les Navarrais étaient nobles qui descendaient des *Ricombres, Chevaliers* ou *Gentilshommes Linagers,* qui avaient pris part à la guerre ; mais, entre eux et les vilains, il y avait une catégorie sociale intermédiaire, les *Infançons,* dont les ancêtres avaient été les commandants des contingents d'infanterie recrutés parmi les roturiers. En Alava, il y avait des nobles et des roturiers ; mais en Biscaye et en Guipuzcoa, et même en Labourd, où il n'y a pas eu de reconquête, tous les habitants sont nobles parce qu'ils n'ont jamais été sujets des Sarrazins et n'ont jamais cessé de pratiquer le christianisme. Seulement les Guipuzcoans, les Biscayens et les Labourdins, n'étant nobles que de « terre » et non « de sang », cédaient le pas aux nobles Alavais ou Navarrais qui marchaient sur le même rang que les *Hidalgos* (*Hijos de algo* « fils de quelque chose ») de Castille. Ceux-ci étaient devenus propriétaires de terrains conquis qu'ils peuplaient de leurs serfs ou de leurs soldats et faisaient cultiver par eux ; ceux-là avaient tous conservé leurs domaines héréditaires. Mais les Labourdins et les autres Basques prenaient toujours le pas sur les gens des communes étrangères ; dans les négociations engagées en 1695 avec le Guipuzcoa et la Biscaye pour la conclusion d'un traité de commerce, les députés du Labourd réclamèrent la préséance sur ceux de Bayonne.

En Navarre, les rois se dépouillèrent parfois d'une portion de leur part territoriale au profit des églises, des couvents ou des communes, c'est-à-dire des groupes locaux de roturiers, sur lesquels ils voulaient s'appuyer pour tenir les nobles en respect. Par là s'expliquent les diversités du droit municipal ancien dans le pays basque.

Le droit civil n'y était naturellement pas plus uniforme. Il résultait d'une multitude de lois, de coutumes non écrites, qu'on appelait *observances* et où les souvenirs du droit romain ou du droit gothique se mêlaient à des conventions plus récentes. Ces observances prirent corps dans les *fueros* (en français, *fors*), qui furent plus tard écrites et qui ont eux-mêmes varié à travers les âges. Chaque province avait son *fuero* ou *for* général, mais, en outre, chaque région chaque vallée, chaque village avait le sien propre qui provenait soit d'une convention municipale soit d'une « lettre de repeuplement », *carta de poblacion*. On appelait ainsi un acte par lequel le souverain, pour encourager l'immigration des étrangers dans ses états presque déserts, autorisait la création d'un nouveau centre d'habitation en accordant à ses fondateurs et à leurs descendants à perpétuité des faveurs exceptionnelles et des immunités particulières.

Les franchises, les privilèges, résultant des *fueros* généraux, avaient pour origine les premières associations territoriales de chrétiens en vue de la guerre à outrance contre les Maures. Lorsque ces croisés, si l'expression n'est pas trop hardie, se réunirent sous l'autorité d'un chef commun élu par eux, roi, comte ou simplement seigneur, ils lui imposèrent certaines conditions relatives surtout à la possession des terres reconquises. Toutes les provinces du nord de l'Espagne avaient des *fueros* de cette nature, l'Aragon, la Castille, la Catalogne, entre autres ; on sait que Charles-Quint, pour avoir violé les *fueros,* vit se soulever contre lui les *communeros* commandés par Padilla : il les écrasa à Villalar en 1521 et c'en fut fait de l'indépendance des communes espagnoles.

Le mot *fuero* ou *for,* qui a proprement le sens de « code, loi, charte constitutionnelle », est généralement interprété par « franchises, privilèges ». C'est ce que pensaient du moins les Basques, lorsque, soulevés par les carlistes, ils prenaient les armes en 1833 et en 1873, aux cris de : « vivent les *fueros !* » Ce qui leur importait, en effet, ce n'était pas tel ou tel détail du droit civil ou criminel, mais les grandes franchises qui assuraient à leurs provinces une véritable autonomie.

Ces franchises consistaient surtout dans l'exemption plus ou moins absolue du service militaire, la liberté commerciale, principalement en ce qui concernait le tabac et le sel, le paiement d'un impôt unique en bloc, l'administration par les *juntes* provinciales et par des fonctionnaires nés dans le pays.

D'après les *fueros* écrits ou traditionnels, l'accès du territoire basque est interdit aux troupes régulières, et les gens du pays ne doivent le service militaire qu'en temps de guerre, parce que c'est alors une des obligations de la noblesse, mais à certaines conditions. Ainsi, les contingents biscayens ne devaient pas être conduits au-delà d'un certain arbre appelé *Malato,* près de Luyando, à cinq lieues au sud de Bilbao, si ce n'est de leur plein gré et avec solde. En Guipuzcoa, la durée du service est volontaire, mais il faut pour la mobilisation un appel du roi et un ordre de la junte : entre autres soldats guipuzcoans devenus célèbres, on cite Jean d'Urbieta, natif de Hernani, qui eut l'honneur de faire prisonnier François Ier à Pavie. Suivant les *fueros,* privilèges et traités de l'Alava, les recrues levées en masse doivent être payées ; elles ne doivent pas être assujetties à un service de garnison ; les *Hidalgos* ne peuvent être versés que dans les corps de cavalerie. Les Guipuzcoans et les Biscayens devaient cependant à l'État, en tout temps, le service de mer, mais les listes des classes étaient dressées par les fonctionnaires provinciaux, et les marins basques n'étaient pas soumis à l'inscription maritime. Les Labourdins fournissaient volontairement de nombreuses recrues à la marine royale française ; une milice nationale de mille hommes, dont les officiers étaient nommés par les *abbés,* c'est-à-dire par les maires des paroisses, était exclusivement chargée de garder et de surveiller les frontières ; en 1311, les Labourdins prétendaient qu'ils devaient au roi le service militaire gratuit seulement en temps de guerre et jusqu'au port de Caulas(?)-sur-Garonne ; au-delà, ils avaient droit à une solde et ne pouvaient être retenus plus de quarante jours.

Sous le régime foral, les provinces ne devaient au pouvoir central ou nominal qu'un impôt en bloc, qu'un tribut annuel, fixé une fois pour toutes, et dont les députés décidaient la répartition par villages et par feux. Les Assemblées représentatives pouvaient d'ailleurs lever toutes sortes d'impôts dans l'intérêt du pays, mais les fonds ne devaient être employés que sur place. Les *juntes* avaient en outre le droit — et on le leur a souvent fait faire

— d'offrir au souverain telle ou telle somme à titre de don personnel et gracieux. Le tribut du Guipuzcoa était en 1509 de 1,245,925 maravédis ; jusqu'à ces dernières années, la Biscaye et l'Alava ne payaient annuellement au trésor que onze mille francs chacune. En 1764, le Labourd payait au roi de France une capitation de 13,140 livres, dont 640 représentaient le contingent de la noblesse : le pays avait toujours été très pauvre, car, au treizième siècle, nous voyons les principaux seigneurs emprunter de l'argent à la cathédrale de Bayonne à laquelle ils déléguaient, pour gage, les dîmes que leur devaient certaines paroisses. En Basse-Navarre, l'impôt était variable et se payait, par moitié, en deux termes ; la répartition était minutieusement réglée par dixièmes, quarts, trente-troisièmes, mais les maisons nobles et infançonnes « rémissionnées » ne payaient aucune taxe.

L'administration des provinces était confiée en général à des *Députés généraux* en nombre variable, nommés par les *juntes ;* à côté des députés figurait un fonctionnaire spécial, le *corrégidor* qui était le représentant du roi et qui servait pour ainsi dire d'intermédiaire entre le pouvoir central et le gouvernement local. Le corrégidor transmettait les décrets et décisions de l'autorité supérieure de Madrid, qui ne devenaient exécutoires qu'après examen par les représentants du pays ; cette formalité était appelée *pase foral*. Dans les provinces françaises, un *syndic* remplissait les fonctions exercées de l'autre côté des monts par les députés-généraux, et le *bailli* royal correspondait au *corrégidor*.

Les assemblées, ou, comme on dit en Espagne, les *juntes,*

se réunissaient d'ordinaire chaque année à des époques fixes, avec un cérémonial minutieusement réglé et traditionnellement suivi dans ses détails les plus puérils, dans des endroits désignés d'avance, palais spéciaux, églises, places publiques ; et même, en Biscaye, sous un arbre, le fameux chêne de Guernica. Les députés étaient élus par un corps électoral censitaire ; la représentation n'était pas proportionnelle, mais le vote des représentants l'était : en Alava, par exemple, les députés d'un même district, quel que fût leur nombre, n'avaient qu'une voix ; en Guipuzcoa, au contraire, chaque député prenait part au vote, mais sa voix comptait en raison du nombre de maisons ou plutôt de « feux » de sa circonscription électorale : le total des suffrages s'élevait en 1861 à 2440 1/2, et la voix du député de Saint-Sébastien comptait pour 245, celle du député de Hernani pour 35 1/31 et ainsi de suite. En Navarre, et par suite en Basse-Navarre et en Soule, il y avait de véritables *Cortès* (proprement « cours plénières ») divisées en trois *bras* ou ordres (noblesse, clergé et tiers-état) : en Basse-Navarre le clergé avait six représentants, et le tiers vingt-six ; la noblesse avait un nombre de députés variable, mais on comptait 142 maisons nobles ou infançonnes pouvant être représentées ; on votait par ordre : dans des cas particuliers, on pouvait convoquer une *jointe* extraordinaire. L'assemblée générale du Labourd portait le nom basque de *Bilçar* ; elle se composait des maires des trente-trois paroisses qui constituaient le pays ; la réunion, présidée par le bailli royal, se tenait dans le petit bois de *Capito-harri* « pierre du chapitre », tout près de la ville d'Ustaritz où sont conservés les registres contenant les procès-verbaux officiels (en français) de ces délibérations. Les conseils paroissiaux se réunissaient de même parfois en Labourd, dans des petits bois ; mais le plus souvent l'assemblée se tenait, au sortir de la messe, sous le porche large et ouvert des églises, au-dessous du clocher par conséquent. Ces réunions dans les églises, ces noms ecclésiastiques de « chapitres » et d' « abbés », donnés aux assemblées communales et aux maires, étaient ordinaires dans la Gascogne. Ils remontaient aux temps troublés où l'empire romain s'effondra : les évêques centralisèrent tous les pouvoirs et par une confusion logique les seigneurs locaux s'attribuèrent des fonctions religieuses, ils s'appelèrent *abbés* (en gascon *abbat,* en basque *aphez, auzaphez, baldarnaphez*) et baptisèrent, confessèrent, marièrent à qui mieux mieux.

Les provinces dont il s'agit ne se considéraient point comme formant partie intégrante des royaumes de France ou d'Espagne ; c'étaient « le pays de Labourd, la vicomté de Soule, le royaume de Navarre, la seigneurie de Biscaye, les provinces d'Alava et de Guipuzcoa » annexées à la France ou à l'Espagne pour la forme, d'une manière factice ; le seul lien était la personne du souverain : c'est, de nos jours, le cas du grand-duché de Luxembourg vis-à-vis de la Hollande. Aussi, les *Etats* de Basse-Navarre refusèrent-ils en 1649 d'envoyer des députés aux Etats Généraux de « France » ; en 1789, les représentants de ce petit « royaume » avaient reçu le mandat formel d'affirmer à Versailles l'indépendance de leur pays, et ils se retirèrent de l'Assemblée nationale quand l'unité de la France et sa division en départements eurent été décrétées.

Les provinces se regardaient tellement comme autonomes et indépendantes qu'elles veillaient avec un soin jaloux au maintien de leurs franchises. En 1391, 1399, 1401, 1407, 1466, les *juntes* de Guipuzcoa affirmèrent leur droit de refuser l'impôt. En 1590, celle de Biscaye envoya des messagers au roi pour protester contre un projet d'imposition émanant de ses ministres et elle obtint gain de cause; de 1718 à 1727, elle lutta pour empêcher l'établissement des douanes royales à la frontière, car elle jouissait du libre commerce, c'est-à-dire du droit d'exporter en franchise les produits de ses riches mines de fer. De leur côté, les Labourdins se soulevèrent plusieurs fois, notamment en 1696, parce qu'on leur contestait l'élection de leur syndic. C'est ici le cas de rappeler la légende historique à laquelle est rattaché le nom de Pés de Puyane, maire de Bayonne (1342). Jaloux des droits et prérogatives de la cité qu'il administrait, il prétendait imposer le paiement d'une redevance, d'une sorte de droit d'octroi, partout où atteignaient à la haute mer les eaux salées de l'Océan, et notamment au port de Villefranque, à deux lieues et quart de Bayonne. Les Basques se moquèrent de cette prétention et refusèrent de s'y soumettre, ce qui amena plusieurs rixes acharnées. Irrité, le maire de Bayonne fit, dit-on, saisir cinq Basques des plus éminents et les fit attacher vivants, à la basse mer, aux piles du pont, pour qu'ils pussent goûter si les eaux étaient salées au reflux. Cet acte d'épouvantable cruauté fut vengé avec non moins de férocité : les Basques massacrèrent impitoyablement la garde bayonnaise du pont. Des démêlés du même genre avaient déjà eu lieu près d'un siècle auparavant ; Basques et Bayonnais ne s'aimaient point : en 1200, un parti de Basques pénétra dans la ville et imposa aux autorités municipales la reconnaissance d'un évêque dont elles ne voulaient pas. Il convient de rappeler aussi les ardentes querelles entre les Navarrais et les Guipuzcoans, au XIVe siècle ; ces derniers battirent leurs adversaires, en 1321, dans le combat, qui est demeuré célèbre, de Beotibar. Il y a même eu des guerres civiles dans les provinces, témoin, au XVIIe siècle, la grande querelle des *sabelchuri* et des *sabelgorri* « ventres blancs » ou « ventres rouges », ainsi nommés de la couleur de leurs ceintures ; partisans, les premiers du seigneur de Urtubie et les seconds du seigneur de Saint-Pée-sur-Nivelle, ils menacèrent d'ensanglanter tout le Labourd.

Après la réunion de la Navarre au royaume « des Espagnes », le roi se faisait représenter à Pampelune par un vice-roi qui était le chef du gouvernement local et distinct de cette « nation ». Ce fut seulement en 1812, lors de l'usurpation napoléonienne, que la Navarre se fit représenter aux Cortès générales du royaume pour la première fois, aux célèbres Cortès de Cadix. La Biscaye était considérée aussi, en 1491, comme une « nation séparée » et, en 1506, on ne voulut pas admettre ses députés aux Cortès de Burgos, sous le prétexte que c'étaient « des étrangers ».

Le Labourd avait été attaché depuis longtemps à l'Aquitaine et, comme elle, il a été régi par la couronne d'Angleterre, de Louis le Jeune à Charles VII ; les velléités particularistes y ont toujours été moins fortes qu'ailleurs. A la Révolution, ses députés prirent une part fort active aux travaux de l'Assemblée nationale. La Basse-Navarre et la Soule appartenaient au roi de France depuis 1513, quand Ferdinand-le-Catholique eut consommé la spoliation du royaume pyrénéen. La Biscaye s'était annexée à l'Espagne par un traité daté du 21 juin 1356, après la mort de son seigneur, don Tello, époux de Jeanne de Lara ; en 880, Alphonse de Léon avait tenté de s'emparer de la « seigneurie », mais Lope Zuria, à la tête des Biscayens, l'avait battu à Arrigorriaga. Les *hermandades* de Guipuzcoa s'unirent successivement à la Navarre (1027), à la Castille (1076), à la Navarre de nouveau (1127), et définitivement à la Castille (1200) ; mais, le 9 mars 1482, la junte d'Usarraga signait avec l'Angleterre un traité par lequel la province s'engageait à garder la neutralité en cas de guerre entre l'Angleterre et l'Espagne. L'Alava était aussi la propriété d'une « confrérie » de nobles, d'ecclésiastiques et de dames qui se réunissaient tous les ans, le 24 juin, à Arriaga ; elle élisait son chef, qui commandait à tout le pays, mais le pouvoir suprême n'était point héréditaire en Alava, à l'inverse de ce qui se passait dans les autres provinces ; les rois de Navarre furent souvent élus seigneurs d'Alava ; mais, en 1076, la province s'unissait à la Castille, pour s'en séparer bientôt après ; elle s'y réunit de nouveau en 1200, mais ce fut seulement en 1332 que la confrérie d'Arriaga céda tous ses droits au roi de Castille, par un traité formel en vingt-trois articles.

En vertu de ces conventions les rois de Navarre, dans leur royaume, et, plus tard, pour les trois autres provinces basques, les rois d'Espagne, devaient, à leur avènement au

Arbre *foral* de Guernica.

trône, confirmer solennellement les *fueros* des provinces et en jurer le maintien. On montre encore, à Roncevaux, l'exemplaire des « Évangiles » sur lequel les rois de Navarre prêtaient jadis ce serment. En Biscaye, cette solennité devait s'accomplir sous l'arbre de Guernica. Pendant l'insurrection de 1873-1876, don Carlos le jeune s'est donné la fantaisie de renouveler cette antique cérémonie. Elle aura été célébrée ainsi pour la dernière fois, car le gouvernement de Madrid a, en fait sinon en droit, supprimé, en 1876, les privilèges de l'Alava, de Guipuzcoa et de la Biscaye, comme en 1839, après la première insurrection carliste, on avait supprimé ceux de la Navarre. Désormais, le pays basque espagnol ne différera pas du reste de la Péninsule ; et les *fueros*, où rien ne répond aux besoins des générations actuelles, où rien n'est conforme aux principes du droit social moderne, iront bientôt rejoindre ces institutions du passé, qu'on salue avec respect parce qu'elles étaient, à leur époque, d'utiles instruments de progrès et de liberté, mais dont le maintien ou la résurrection seraient absolument regrettables, parce qu'elles embarrasseraient sans profit la marche en avant d'un généreux peuple.

Les *fueros* ont évidemment, dans une certaine mesure, préparé les Basques au régime libéral ; mais, d'autre part, ils ont entretenu dans le pays un esprit que nous appelons généralement en France l'esprit clérical et ultramontain. Un ancien député républicain espagnol, fédéraliste pourtant, comparait le gouvernement des provinces basques à « une oligarchie de caciques que les prêtres mènent par le bout du nez ». Il est certain que les soulèvements de 1833 et de 1874 ont eu lieu, non seulement aux cris de « vivent les *fueros !* » mais aussi aux cris de « vive la religion ! » En 1790, la plupart des prêtres du pays basque français se refusèrent à prêter le serment civique ; beaucoup passèrent en Espagne et demeurèrent sur la frontière, prêchant à leurs paroissiens le mépris des autorités nationales et la désobéissance aux lois. Bien peu de communes basques, en effet, étaient républicaines ; les représentants du peuple en mission dans le département essayèrent d'empêcher les émigrations en masse, les désertions de conscrits, les résistances passives, mais ils n'obtinrent que de médiocres résultats.

Lorsque l'armée des Pyrénées occidentales, campée depuis Saint-Jean de Luz jusqu'à Saint-Jean-Pied-de-Port, eut battu les Espagnols et les émigrés qui s'étaient joints à eux ; lorsqu'au mois de juillet 1794, les colonnes républicaines se furent emparées de Valcarlos, du Baztan, de Vera, du mont Saint-Martial et de Fontarabie, Saint-Sébastien leur ouvrit ses portes avec empressement. Les Guipuzcoans accueillirent fort amicalement les Français et peut-être, dit avec raison un jeune historien, M. Ducéré, de Bayonne, rêvèrent-ils la constitution d'une République basque autonome sous le protectorat de la France. Mais le bon accord ne dura pas longtemps ; les uns et les autres n'entendaient point la liberté de la même manière : il y eut d'ailleurs, paraît-il, des excès et des injustices de la part des vainqueurs : on cassa les *juntes,* on emprisonna les prêtres, on chassa les religieuses.

L'invasion napoléonienne acheva de rattacher les Guipuzcoans à l'Espagne. Les Français étaient exécrés lorsqu'en 1813 l'armée anglo-portugaise de Wellington vint mettre le siège devant Saint-Sébastien, où le général Rey fit une admirable défense. La ville prise d'assaut, les troupes françaises se retirèrent dans la citadelle et les habitants se précipitèrent avec joie au devant de leurs libérateurs, dont l'impartiale histoire ne saurait trop flétrir la conduite. La soldatesque anglaise, désobéissant à ses chefs ou peut-être abandonnée par eux à ses plus mauvais instincts, brûla, pilla, massacra, viola tout dans la malheureuse cité. Le 31 août 1813, Saint-Sébastien n'existait pour ainsi dire plus ; les touristes, qui visitent aujourd'hui cette charmante ville, traversent sans y songer le vieux quartier, où toutes les rues sont tirées au cordeau : ce vieux quartier date de 1814 ! A l'angle de la *calle del Pozo* et de la *calle San Jeronimo,* on peut lire l'inscription suivante, en espagnol : « Le 31 août 1813, les alliés prennent d'as- » saut cette cité, occupée par l'armée de l'invasion, la » brûlent, la pillent et assassinent un grand nombre de ses » habitants. »

Devant la plaque de marbre où est inscrite cette accusation formelle, un Français s'indignait, à côté de moi, de l'épithète donnée à l'armée française. Je n'ai pu partager son indignation ; le mot est juste, puisque le fait est vrai. Je n'ai pas été plus scandalisé à Madrid, devant le monument célèbre du 2 mai 1808 ; j'ai même regretté qu'on ait effacé, sur la porte de Tolède, l'inscription latine où il était question de « Napoléon, tyran des Gaulois » ; mon amour-propre national n'était nullement choqué de ces appréciations ou de ces accusations, et je me rappelais ces deux belles phrases d'un écrivain moderne : « Soyons

» chauvins tant qu'il s'agira de défendre l'intégrité de la
» patrie, cessons de l'être dès qu'il sera question d'agres-
» sion et de conquête. Toute la gloire des chauvins ne vaut
» pas une goutte de sang humain répandue dans les aven-
» tures guerrières, où toujours la force et la ruse écrasent
» le droit et la justice. »

CHAPITRE III

LA LANGUE BASQUE

Le voyageur parisien, qui a coutume de traiter avec le plus souverain mépris les langues étrangères, est généralement, au premier abord, très choqué d'entendre parler le basque. Il ne manque pas de trouver ce langage fort laid et très désagréable. Mais, dès qu'il a surmonté cette première répugnance que rien ne justifie, car il l'éprouve instinctivement pour toutes les langues qu'il entend parler pour la première fois, force lui est de convenir que les sons du basque n'ont rien de désagréable, rien de pénible à l'oreille ; que, par exemple dans la bouche des femmes, l'espagnol peut devenir bien autrement dur ; enfin, qu'en général il lui est assez facile de répéter, d'une manière suffisante pour être compris, la plupart des mots et des phrases que son hôte s'empresse de lui apprendre. La prononciation de l'allemand et surtout de l'anglais offre de tout autres difficultés.

Il y a longtemps que ce fait a été mis en évidence, et le grand Scaliger, il y a plus de trois siècles, le reconnaissait en ces termes : « Ce dialecte n'a rien de barbare, de sifflant ou d'aspiré. *Illa dialectus nihil barbari, aut stridoris, aut anhelitus habet.* »

Pour donner une idée de la nature de cette langue remarquable, nous allons essayer d'esquisser d'une façon très générale les principaux faits de sa grammaire.

Disons tout d'abord que le nom original et propre de cette langue est le mot *escuara,* dont la signification précise n'est point encore fixée ; l'hypothèse la plus probable toutefois est celle qui traduit *escuara* par « manière de parler », c'est-à-dire « langage ». Une autre forme d'*escuara* est *euscara,* d'où l'on a fait l'adjectif français *euscarien* qui est employé comme synonyme de basque.

Les linguistes modernes ont simplifié l'étude de la grammaire par une classification rigoureuse des éléments du langage ; il suffit aujourd'hui, pour connaître suffisamment le caractère d'un idiome, d'avoir déterminé d'une part les sons qu'il emploie, et de l'autre la manière dont il décline, conjugue et combine les diverses espèces de mots.

Les sons qui constituent l'alphabet basque ne sont pas plus difficiles à bien prononcer que ceux des alphabets français, espagnol ou allemand.

Quant à la déclinaison, il est on ne peut plus aisé de s'en rendre compte, car elle ressemble absolument à la déclinaison de notre langue. Elle est composée, comme la nôtre, d'une préposition et d'un nom ou d'une préposition, d'un article et d'un nom ; seulement l'ordre est inverse : au lieu de prépositions, le basque emploie des post-positions, c'est-à-dire que là où nous disons, nous : « jusque chez moi, de femme, des (de les) hommes », il dira, lui : « moi chez jusque » *ene-gaña-raino,* « femme de » *emazteren,* « homme-les-de » *gizon-ak-en*. Il convient de rappeler que ce n'est point là un procédé bien rare, car, en Europe, le suédois, le danois et le roumain placent également l'article après le nom qu'il détermine.

L'*euscara* n'a pas de duel; il n'a que deux nombres, le singulier et le pluriel dont le signe est *k*. Ajoutons qu'il ne connaît pas la distinction des genres ; telle est la raison pour laquelle un basque parlant français dira fréquemment « ce femme, il est beau ; cette garçon, il est méchante ».

Mais c'est le verbe basque qui a le plus surpris les étrangers. Rien de moins original, nous voulons dire rien de moins spécial pourtant, que le système du verbe basque et rien de plus aisé que de concevoir la formation de ce vaste échafaudage et de s'en faire une idée : un tableau et quelques accolades suffisent pour donner la clef de cette gigantesque dérivation.

En son état actuel, le verbe basque est formé d'un nom décliné et de deux auxiliaires, *avoir* et *être*. « Je viens » se rend par « je suis en action de venir » *ethortzen niz,* et « vous mangerez » par « vous avez à manger » *yanen* ou *yango duzu*. Cette combinaison a un avantage : en joignant au même nom verbal les deux auxiliaires, on obtient deux manières différentes d'exprimer une même action ; cette action, en effet, peut être faite ou soufferte : c'est ce qu'on nomme des *voix ;* « je suis dans cette chose qu'on appelle éclairer », c'est-à-dire « j'éclaire, je suis lumineux », verbe neutre, voix moyenne et intransitive ;

« j'ai tel objet dans cette chose, qu'on appelle éclairer », c'est-à-dire « j'éclaire, je donne de la lumière », verbe actif, voix active ou transitive.

Rien ne s'oppose, d'ailleurs, à ce que le nom verbal soit accompagné de toutes sortes de prépositions (*post-positions*) ou de syllabes diminutives ou autres : on exprimera ainsi diverses nuances de l'action, voilà tout ; de même que la combinaison de la même forme d'un auxiliaire avec diverses variations du nom verbal ou de la même variation du nom verbal avec diverses formes de l'auxiliaire exprimera des nuances diverses de temps : « J'ai aimé, j'ai à aimer, j'aurais à aimer, j'étais en action d'aimer », etc., etc.

On trouvera plus loin, au chapitre VII, quelques spécimens, quelques phrases basques. Un fait remarquable est l'abondance et la richesse des synonymes, aussi est-ce seulement en dépouillant minutieusement les patois, les variétés de chaque village, en recherchant toutes les expressions locales qu'on pourra former le véritable vocabulaire de la langue basque. Ce vocabulaire semble d'ailleurs fort pauvre ; quoiqu'il soit encore bien imparfaitement connu, je crois pouvoir dire qu'après en avoir exclu les nombreux termes gascons, béarnais, français, espagnols, bas-latins, peut-être même arabes, les mots restants exprimeront en général des idées matérielles et concrètes ; j'ai déjà dit qu'il n'y a pas de mot simple purement basque ayant le sens que nous attribuons en français au mot « animal » ou « arbre » ; les Basques n'ont aucune expression pour « âme » ; pour eux, « Dieu » est simplement « le seigneur d'en haut », et, s'ils ont un mot pour « volonté » une même expression a le sens de « pensée, désir, fantaisie ».

L'étude du basque est rendue singulièrement difficile par cette extrême variabilité de la langue ; il n'est peut-être pas deux villages où l'on parle absolument de la même manière. Cela est tout naturel chez un peuple illettré qui ne peut se mettre au niveau de ses voisins qu'en oubliant son antique langage. Les diverses variétés se groupent aisément en dialectes secondaires : le prince L.-L. Bonaparte en reconnaît vingt-cinq qui se réduisent assez facilement à huit grands dialectes. Un examen approfondi ramène ces huit divisions régionales à trois, c'est-à-dire que les différences entre les huit dialectes principaux sont inégales et permettent des rapprochements partiels.

Les huit dialectes sont : 1° le *labourdin ;* 2° le *souletin ;* 3° le *bas-navarrais oriental ;* 4° le *bas-navarrais occidental ;* 5° le *haut-navarrais septentrional ;* 6° le *haut-navarrais méridional ;* 7° le *guipuzcoan ;* 8° le *biscayen.* Le souletin et les deux dialectes bas-navarrais forment un premier groupe, oriental, si l'on veut ; le biscayen seul forme le groupe occidental ; les quatre autres constituent le groupe central.

Ces noms sont tirés des subdivisions territoriales ; mais les dialectes ne correspondent point exactement aux subdivisions dont ils portent le nom.

Aucun de ces arrondissements, aucune de ces provinces n'est d'ailleurs entièrement basque, au point de vue linguistique, si ce n'est le Guipuzcoa ; la Navarre espagnole ne l'est même qu'à moitié ; l'Alava n'entre que pour un dixième dans la région des dialectes basques, dont un peu moins du quart de la Biscaye doit être distrait, ainsi que quelques villages gascons des arrondissements de Mauléon et de Bayonne en France. Ni Bayonne, ni Pampelune, ni Bilbao ne sont basques. Dans certains villages de la Navarre espagnole, le prince L.-L. Bonaparte a observé que les hommes parlent espagnol entre eux ; mais ils se servent du basque pour parler aux femmes qui ne savent pas l'espagnol.

La langue basque, qui n'offre d'ailleurs aucun intérêt pratique, malgré son extrême importance scientifique, est manifestement en train de disparaître. Presque partout elle se corrompt de jour en jour par l'intrusion de mots étrangers, et, dans les localités un peu importantes, où l'activité de la vie moderne se fait plus vivement sentir, les habitants apportent dans leur langage des tournures purement françaises ou espagnoles. En Espagne, on en interdit absolument l'usage dans les écoles ; l'enfant qui est surpris à parler basque reçoit du maître un anneau qu'il doit transmettre au premier de ses camarades qu'il prend à son tour en flagrant délit d'*euscarisme*, si cette expression nous est permise ; et, le samedi, l'enfant au doigt duquel se trouve l'anneau est très sévèrement puni. En France, il n'est pas besoin de moyens coërcitifs; dans tous les villages, on entend souvent, hors de l'école, les enfants parler français entre eux. Les causes de cette décadence sont multiples : le contact plus fréquent avec les étrangers, le retour des émigrants, le séjour des jeunes gens à la ville pour les exercices militaires annuels, le passage d'un chemin de fer, l'ouverture d'une route, l'établissement d'une station thermale, l'achat par des étrangers de terres ou de maisons, l'accroissement du nombre des fonctionnaires nés hors du pays, les mariages mixtes, la coutume enfin qu'ont les familles habitant les villages limitrophes d'envoyer, à charge de revanche, leurs fils et leurs filles passer quelques mois ou quelques années dans les métairies gasconnes ou béarnaises. Ce qui n'est pas moins intéressant à noter c'est que, dans les provinces françaises, c'est le français et non le patois qui remplacera le basque.

Les Basques ont un accent particulier lorsqu'ils parlent français, ils scandent et sifflent; ils chantent et traînent. Dans leur bouche, l'*e* et l'*o* tendent à se prononcer ouverts, et certaines consonnes ne sont jamais exactement articulées : le *ch*, par exemple, est très souvent mouillé. On pourra toujours reconnaître un Basque à certaines tournures incorrectes que les plus lettrés eux-mêmes emploient journellement : « Où avez-vous mon chapeau? — Vous auriez mieux de faire telle chose. — As-tu fermé la porte? — J'ai fermé. — Je ne suis pas malade, non. — Hier, j'avais vu votre frère, etc., etc. »

Le prince Bonaparte a fait établir avec une exactitude rigoureuse deux belles *Cartes* linguistiques *des sept provinces basques,* montrant la délimitation actuelle de l'euscara et sa division en dialectes, sous-dialectes et variétés; elles ont été gravées à Londres en 1863, à l'établissement géographique de Standford; mais elles n'ont été publiées qu'en 1869. D'après ces cartes on pourrait, à l'aide des renseignements statistiques officiels, établir approximativement le nombre des personnes qui parlent encore aujourd'hui le remarquable idiome pyrénéen. J'estime que les chiffres suivants ne sont pas éloignés de la vérité :

Arrondissement de Bayonne..........	65,000
Arrondissement de Mauléon..........	60,000
Navarre............................	150,000
Guipuzcoa..........................	180,000
Alava..............................	10,000
Biscaye............................	145,000
	610,000

Il ne faut pas oublier non plus que le basque est parlé au Mexique, à Montevideo et à La Plata par de nombreux émigrants européens (on en compte 200,000); mais, au bout de deux ou trois générations, leurs descendants l'auront entièrement désappris. Le total général des populations de langue euscarienne serait donc aujourd'hui de huit cent mille environ.

L'histoire de la linguistique basque est malheureusement bien courte. On n'a encore pu trouver dans aucun document authentique plus ancien que le xe siècle des traces certaines de l'existence de la langue basque : il s'agit d'une charte latine, datée de 980, dont l'authenticité n'est d'ailleurs pas certaine, qui délimite le diocèse de Bayonne et donne les noms plus ou moins altérés de quelques localités du pays basque. M. Fita, savant jésuite espagnol, a découvert l'année dernière, à Saint-Jacques-de-Compostelle, dans un manuscrit que j'ai déjà cité et qui est l'œuvre d'un pèlerin français du xiie siècle, une liste de dix-huit mots basques recueillis par ce pèlerin pendant son voyage à travers les Pyrénées. Il faut redescendre environ quatre cents ans pour retrouver un écrivain parlant du basque; Lucius Marineus Siculus s'en occupe en passant et cite quelques mots dans ses *Cosas memorables de Espagna* (Alcala, 1530). Nous trouvons ensuite le petit discours de Panurge, au chapitre IX du livre II de *Pantagruel*. Le premier livre basque imprimé date de 1545; c'est un recueil de poèmes moitié dévots. moitié amoureux, œuvres d'un curé de la Basse-Navarre; le second, et le plus important de tous les livres basques à tous les points de vue, est la traduction du *Nouveau Testament,* imprimée à La Rochelle en 1571, par ordre de Jeanne d'Albret, aux frais du Parlement de Navarre.

CHAPITRE IV

LES BASQUES

TYPE — CARACTÈRE — APTITUDES — ORIGINE
LA QUESTION IBÉRIENNE

Le pèlerin qui a écrit le quatrième livre du *Codex* de Saint-Jacques de Compostelle dont nous avons parlé précédemment, distingue les Basques des Navarrais. Pour lui les Basques occupent les vallées de Saint-Jean-Pied-de-Port et de Roncevaux et tout le reste du pays septentrional entre l'Adour, les montagnes et la mer; les Navarrais habitent au-delà des monts, jusqu'en Alava et en Biscaye. Mais entre les Navarrais et les Basques, auxquels il reconnaît les mêmes mœurs, le même langage et la même « barbarie », notre auteur trouve pourtant une différence physique : il prétend que les Basques sont plus blancs, ont le teint plus clair que les Navarrais.

Quelle peut-être la valeur de cette remarque? Il ne semble point aujourd'hui que la coloration du visage diffère sensiblement d'un versant des Pyrénées à l'autre. Quels sont donc les caractères ethnologiques du peuple basque ? Et d'abord, existe-t-il un type uniforme? Malheureusement non ; les Basques de nos jours offrent à première vue les uns avec les autres d'assez importantes différences. On prétend par exemple que, dans les parties les plus reculées de la Soule, on rencontre des hommes blonds, à la démarche lente; et pourtant on attribue généralement à la race des caractères distinctifs tout opposés. Les populations des provinces basques espagnoles ne se ressemblent point exactement toutes et elles ne sont point du tout pareilles à leurs congénères de France. Ces diversités sont toutes naturelles; car s'il est difficile de définir exactement le type physique des Basques, c'est que leur pays a été de bonne heure un lieu général de passage, leurs côtes riantes ont depuis longtemps attiré de nombreux voyageurs, enfin de puissants voisins les pressent et les entourent. Il résulte de ces faits que la race basque a dû être altérée par de nombreux croisements, par d'incessants mélanges.

Si cependant on ne considère que les Basques du Labourd et du Guipuzcoa, c'est-à-dire ceux qui habitent la région médiane du pays euscarien, on peut espérer se faire une idée du type national. Les hommes sont de taille moyenne, trapus, forts, souples, agiles, mais parfois singulièrement gauches. Les jeunes Basques ont, dit très justement M. Reclus, la démarche élastique. Ils ont le teint brun, le front bas mais large, les yeux noirs, les sourcils assez épais, l'arcade sourcilière prononcée, les cheveux châtains-foncés et naturellement raides. Les traits sont réguliers; la face forme un ovale très prononcé, plus resserré à sa partie inférieure; le menton est saillant; le nez

Couvent de Roncevaux.

long, déprimé à sa racine, se vousse en son milieu. L'ensemble du visage a souvent une expression très accentuée de fierté et de distinction. Le corps est bien pris; les mains et les pieds sont relativement grands.

Les femmes ont les yeux vifs, les cheveux relativement courts, mais plus noirs peut-être que ceux des hommes, les attaches généralement fines, la poitrine développée, la taille élégante; leur visage, très mobile, est souvent éclairé par un sourire plein de malice, leur démarche est pleine de grâce. L'habitude de porter sur la tête des fardeaux parfois très lourds donne à leurs allures une fierté et une assurance rares. Elles ont la voix beaucoup plus douce que les Espagnoles et parlent le français avec un accent que l'on trouve d'autant moins désagréable que celui des Gasconnes ou des Béarnaises est assez peu harmonieux.

Faut-il ajouter à cet aperçu que les Basques ou les Basquaises ont généralement une dentition dégradée (il n'en est guère qui arrivent à l'âge de vingt ans sans avoir perdu quelqu'une de leurs incisives), et que les organes de la vision sont assez fréquemment parmi eux frappés d'imperfections fâcheuses?

Les indications qui précèdent ne pouvaient suffire aux hommes de science. L'anthropologie, qui a pour but l'étude spéciale de l'homme, devait donner des renseignements plus précis. Les fondateurs de cette méthode d'observation tiennent compte principalement de la forme du crâne. On a reconnu, dans les diverses races humaines deux types fondamentaux, qu'on a nommés le type *brachycéphale* et le type *dolichocéphale;* comme l'indiquent ces deux mots, le premier type a la forme courte et le second la forme allongée. Cet allongement ou ce raccourcissement se mesure en prenant, avec une sorte de compas, le plus petit diamètre de la tête (d'une oreille à l'autre) et le plus grand (du bas du front à la nuque), et en comparant les deux chiffres. Si le rapport du petit diamètre au grand dépasse 80 pour 100, le crâne mesuré est *brachycéphale*; il est *dolichocéphale* dans le cas contraire.

On a cru longtemps que les Basques étaient tous brachycéphales, mais cette hypothèse n'est plus admissible depuis qu'on a pu étudier de près des spécimens authentiques de la race. En 1862, le Dr Broca et le Dr Velasco de Madrid ont recueilli 60 crânes dans un vieux cimetière de Zarauz, en Guipuzcoa; 19 autres crânes furent extraits du même endroit par le Dr Velasco seul en 1866; en 1867, M. Virchow se procurait 7 crânes des environs de Bilbao; en 1868, M. Broca obtenait 58 crânes provenant d'un ancien ossuaire de Saint-Jean-de-Luz; enfin, de nombreuses observations ont été faites sur le vivant, par M. Antoine d'Abbadie, membre de l'Institut, par M. le Dr Argelliès de Saint-Jean-de-Luz, et par M. Broca lui-même.

De ces observations il résulte qu'on trouve chez les Basques deux types bien différents. Le premier est dolichocéphale, avec une capacité crânienne moyenne plus forte que celle des Parisiens modernes. Mais ce volume considérable du cerveau est dû au développement considérable de la région occipitale, le crâne antérieur au contraire étant plus petit chez les Basques que chez les Parisiens. Le second type est brachycéphale, mais la capacité crânienne est moindre, quoique la région occipitale soit très développée et que la face soit plus haute et plus large.

Il y a au surplus entre ces deux types de grandes analogies, malgré leur dissemblance radicale. Le premier paraît se rapprocher d'un type africain, le second d'un type européen très ancien. Mais il n'est pas possible encore de dire laquelle de ces deux formes crâniennes est caractéristique, est spéciale à la race basque proprement dite ; laquelle est antérieure à l'autre ; et quelles peuvent être les parentés ou les affinités des Basques en Europe ou en Afrique.

Les Basques ne forment donc pas une race pure. Cette conclusion se présente avec plus de vraisemblance encore, lorsqu'on remarque, dans l'ensemble du pays basque, de grandes variations dans la taille, les allures, le caractère, et surtout dans la coloration des yeux et dans celle des cheveux.

Il ne serait pas moins difficile de dire quel est le caractère, quel est l'esprit, quelles sont les aptitudes, les tendances, les préférences des Basques. Au XIIe siècle, toujours suivant le manuscrit de Compostelle, leur pays ne produisait guère que des pommes, du cidre et du lait, et leur principal revenu consistait dans les droits de passage qu'ils imposaient aux voyageurs, fussent-ils pèlerins de Saint-Jacques, et dans les déprédations directes ou indirectes qu'ils commettaient vis-à-vis d'eux. Aussi le pieux écrivain en fait un portrait fort peu flatteur : « Ils sont », dit-il, « féroces et leur visage inspire l'effroi ; ils sont noirs, méchants, perfides et sans foi, corrompus, violents, sauvages, adonnés à l'ivrognerie et à la luxure, et tellement ennemis des Français que, pour la moindre pièce d'argent, ils en assassinent un volontiers. » Leurs seules qualités sont la loyauté dans la guerre et la régularité à porter aux églises les dîmes et les prémices.

Les nombreux voyageurs qui, quatre ou cinq siècles plus tard, ont traversé le pays basque font de ses habitants un tout autre tableau. Séb. Moreau, Abel Jouan, Aarssens de Sommerdick, Mme d'Aulnoy, Ch'mel, de Thou, Le Pays, entre autres, sont parfaitement d'accord pour reconnaître leur douceur, leur agilité, leur gaieté naturelle en même temps que leur pauvreté et leur parfaite ignorance. En 1610, le conseiller au Parlement de Bordeaux de Lancre, qui était venu l'année précédente passer quatre mois parmi eux pour instruire judiciairement contre les sorciers et sorcières, avait l'idée préconçue que tous les Basques étaient les plus fidèles esclaves du démon qu'il y eut dans le monde ; mais, en dégageant la description qu'il en donne des commentaires extravagants et des réflexions grotesques dont il les accompagne, il ne reste point un portrait trop désavantageux. On me permettra de donner quelques échantillons du style étonnant de ce magistrat d'un autre âge.

De Lancre dit que les Labourdins, étant tous marins, ont par cet exercice l'esprit inconstant et aventureux ; ils ne sont capables de s'attacher à rien et font de mauvais pères et de mauvais enfants. Ils ont un effroyable défaut : ils « usent du petun ou nicotiane (tabac), fumée de laquelle » plante ils prennent pour se décharger le cerveau et se » soutenir contre la faim ; cette fumée leur rend l'haleine » et le corps si puants qu'on ne le peut souffrir. Ils en » usent deux ou trois fois par jour, les femmes aussi ; et » par là sentent au sauvage.... » Ils aiment la danse, mais surtout la danse « découplée et turbulente » ; ils vont volontiers de nuit « comme les chats-huants » ; toutefois ils sont honnêtes : « je n'en vis jamais condamné », dit de Lancre, « pour avoir dérobé chose d'importance ; et, con» versant en leur pays, je n'y vis oncques demander l'au» mône ni gueuser qu'à des étrangers. »

Le sévère conseiller leur reproche surtout leur agilité : « c'est », dit-il, « la plus délibérée nation qui soit, et je » puis dire avoir vu des filles et enfants tellement préci» pités en tout ce qu'on leur commandait qu'ils se heur» taient à tous coups aux portes et fenêtres, jusqu'à se » blesser, tant ils allaient vite ». Il est encore plus scandalisé de leur adresse à la nage : jusqu'aux enfants qui vont l'été, à Saint-Jean-de-Luz et Ciboure, à l'embouchure de la Nivelle et qui osent se baigner tout nus « dans » ces grands monceaux blancs qui nous éblouissent et dont » le bruit est un épouvantail » et même « se précipitant » du haut du pont dans cette rivière, les pieds contre» monte et la tête en bas, vont pour leur plaisir à la » quête d'une chétive pièce d'argent » qu'on a jetée dans l'eau, « puis comme plongeons ressortent à cinq cents » pas de leur premier saut ! » L'inconstance des Basques a d'ailleurs une autre cause : » c'est un pays de pommes, » ils ne mangent que pommes, ne boivent que jus de » pommes, ce qui est cause qu'ils mordent si volontiers à » cette pomme de transgression qui fit outrepasser le com» mandement de Dieu et franchir la prohibition à notre » premier père. »

Laissons ces aberrations et cherchons à voir ce que valent les Basques d'aujourd'hui. Ils sont sans doute imbus de préjugés ; ils conservent des superstitions séculaires que le catholicisme n'a pu détruire ; ils sont rivés à leurs coutumes même les moins importantes; mais ils ont un grand fond de droiture, quoique leur ignorance, leur entêtement, l'extrême vivacité de leur imagination, les entraînent fréquemment à juger faux. Ils sont doux et complaisants, mais irascibles et redoutables dans leurs colères ; je ne crois pas qu'ils soient, comme on l'a dit, haïneux et vindicatifs. Ils sont ardents et enthousiastes ; un rien les séduit, un rien les désenchante. Habituellement sérieux, ils se laissent volontiers entraîner aux jeux, aux plaisirs de la table ; leur gaieté se développe alors bruyante et interminable. Ils ont l'usage et le culte de l'hospitalité dans la plus large acception du mot.

Les femmes, parvenues à un certain âge, sont généralement d'une dévotion exagérée et méticuleuse ; on trouve dans le pays basque, en plus grand nombre qu'ailleurs peut-être, des cas nombreux de folie amenés par l'exaltation religieuse : il est à remarquer que ces accidents atteignent surtout les vieilles filles. Les mères de famille sont actives, propres, soigneuses, très attachées à leur ménage, très dévouées à leur mari et à leurs enfants. Les jeunes filles sont coquettes, enjouées, curieuses, éveillées, et elles ne redoutent aucun travail.

Le Basque est naturellement intelligent, fier et très indépendant. Il possède à un haut degré le sentiment de sa dignité personnelle. Vienne l'instruction, et une loi récente va, en France du moins, lui en assurer les bienfaits ; viennent, par la fréquentation plus continue des étrangers, par la lecture, par l'amélioration de la vie matérielle, le loisir et la faculté d'observer et de réfléchir ; — et le Basque, débarrassé du fétichisme qui l'attache encore au principe d'autorité, prendra place parmi les plus fidèles serviteurs de la République.

Il y a deux ou trois cents ans, si l'on en croit les nombreux récits du temps, la majorité des Basques étaient marins ; ils avaient pour spécialité la pêche de la baleine et celle de la morue à Terre-Neuve, on prétendait même que le basque était la langue commerciale du Canada. Ils ont produit un grand nombre de marins célèbres. On a dit que les Basques avaient découvert l'Amérique avant Colomb. Le lieutenant de Magellan qui acheva la circumnavigation du globe, Sébastien d'Elcano, était Basque. Mais aujourd'hui les neuf dixièmes des Basques s'occupent exclusivement de travaux agricoles. Quelques-uns, ceux des villages de la côte, sont encore marins. Un très petit nombre recherchent les carrières libérales ; ceux de ces derniers qui ont été élevés dans nos établissements d'éducation sont généralement de médiocres mathématiciens, mais ils prennent beaucoup de goût aux études littéraires : la Faculté des lettres de Bordeaux cite toujours des Basques parmi les plus forts bacheliers qu'elle a reçus. Ils ont de grandes aptitudes pour les choses d'imagination, notamment pour la poésie. Quant à la philosophie, s'ils se décident à abandonner les stériles discussions de la théologie catholique, c'est pour se lancer dans les théories les plus spiritualistes, les plus spécieuses et les plus spéculatives. Ils apprennent les langues aisément et utilement.

Ces vaillantes et fières populations, à l'esprit aventureux et rêveur, ont produit quelques hommes de lettres et notamment le poète espagnol Alonzo de Ercilla, mais le cerveau des Basques est rebelle aux sciences positives. Doués d'un grand fonds de mysticisme, ils peuvent revendiquer la paternité d'une des plus remarquables institutions des temps modernes qui a poussé si vivement la religion romaine dans la voie du surnaturel, je dois parler du Jésuitisme : Ignace de Loyola et François-Xavier [1] étaient Basques.

Mon savant ami, M. Wentworth Webster, qui a mis le premier ce fait en lumière, leur attribue aussi un sens pratique dont j'ai toujours douté pour ma part, et dont il trouve la preuve dans le régime « foral » des provinces basques, dans ces fameux *fueros* dont il a été question dans un précédent chapitre.

D'où viennent donc ces hommes qui ont éprouvé la rare malechance ou la cruelle nécessité de tout emprunter, sauf leur langage, à des peuples plus jeunes qu'eux ou plus tard venus dans les régions qu'ils habitent ? D'où vient leur langage, ce respectable monument d'une antiquité si reculée que le souvenir s'en est entièrement perdu ?

S'il est un problème historique intéressant, c'est à coup sûr celui de l'origine des Basques. Ce petit peuple, relégué, oublié pour ainsi dire, au pied des Pyrénées occidentales,

[1] *Xavier* n'est pas autre chose que le nom basque très commun *Etchaberry*, *Etcheberry* ou *Etcheverry*. On sait que, dans la bouche des Gascons, des Espagnols et des Basques, le *b* et le *v* se confondent, ce qui a permis à un érudit des derniers siècles d'écrire : *felices populi quibus vivere est bibere!*. . Dans l'ancienne orthographe espagnole, *x* représentait notre *ch* français. Enfin, dans les noms de lieux et de personnes basques, la voyelle initiale et la voyelle finale sont souvent supprimées : *Echaberry* a donc donné successivement *Echaverry*, *Xaverry*, *Xaver*, *Xavier*.

aux bords de cet Océan où durent s'arrêter nos ancêtres les Celtes ; ce petit peuple, sans originalité sociale, sans nationalité politique, ne présente comme caractère distinctif bien établi que son étrange et remarquable langage. Cet élément, de premier ordre du reste, suffit pour démontrer l'antériorité relative d'une race, d'une tribu, d'un groupe d'hommes qui parlaient basque. Quand les Celtes, ou mieux quand les avant-gardes de l'émigration indo-européenne, si cette expression n'est pas excessive, arrivèrent en Europe, ils y trouvèrent au moins une population déjà maîtresse du sol, issue d'une race différente de la leur et qui parlait un idiome d'où procède l'*escuara* de nos jours.

Mais cette race était-elle, elle-même, primitive ? N'était-elle pas, elle aussi, venue d'une autre partie du monde et n'avait-elle pas chassé, détruit, absorbé, les représentants d'une race plus anciennement établie au même endroit et dont elle avait pris la place ? Dans quelle région moderne du monde trouve-t-on des peuples qui lui soient congénères? Enfin, par où avait-elle passé, quel territoire occupait-elle exactement, et qu'est-elle devenue devant l'invasion aryenne ? Telles sont les principales propositions qui constituent ce que j'appelle le problème de la question basque.

La réponse à ces diverses questions n'a point été donnée encore ; mais on s'est lancé à corps perdu dans le domaine illimité de la fantaisie et de l'hypothèse.

On a fait des Basques les descendants des anciens Africains ; les parents des Phéniciens, des Américains ou des Celtes ; les représentants des Alains ou des Suèves ; mais ce ne sont là que des hypothèses et le problème de l'origine des Basques demeure tout entier irrésolu.

CHAPITRE V

LES BASQUES

HABITATIONS — MŒURS — COUTUMES — CÉRÉMONIES
JEUX ET DANSES — PASTORALES

Les Basques habitent des maisons généralement gaies et spacieuses, au moins dans les provinces françaises. Ces maisons sont construites en maçonnerie, mais la façade est en torchis ; chaque étage avance et surplombe l'étage inférieur de toute l'épaisseur d'une poutrelle transversale. Les plus hautes n'ont que deux étages au-dessus du rez-de-chaussée. Les fenêtres sont très espacées et étroites, avec des carreaux petits et multipliés. La porte est large, quoique basse ; elle ouvre sur un large vestibule qui partage la maison en deux parties distinctes ; au fond de ce vestibule est l'escalier en bois qui conduit aux étages supérieurs et au grenier. Il n'y a jamais de cave. Les pièces sont vastes ; celle qui est destinée à servir tout à la fois de cuisine, de salle à manger et de lieu de réunion, a seule une cheminée, immense du reste, sous le manteau de laquelle toute la famille peut prendre place, pendant les froides soirées de l'hiver. On trouve dans les vieilles maisons de grands chenêts très remarquables : ils présentent en avant une longue tige verticale supportant une espèce de coupe, qui, dit-on, servait jadis de table au maître de la maison. On cite à ce sujet le proverbe *as' eta hotz* « rassasié et froid », par allusion aux repas pris ailleurs que sur de pareils chenêts, c'est-à-dire loin du foyer. J'ai vu en Navarre une autre disposition des cheminées : l'âtre est au milieu de la pièce et le tuyau est au centre du plafond ; les gens de la maison et les visiteurs peuvent s'asseoir tout autour du feu dont une longue rangée de pots et de vases culinaires les sépare habituellement. Le sol est souvent nu ; mais quelquefois les pièces du rez-de-chaussée sont carrelées ; dans les maisons qui ont plusieurs étages, le rez-de-chaussée sert souvent de cave, de chai, d'écurie.

Le plancher des pièces supérieures est rarement ciré. Les parois, en planches brutes ou en torchis blanchi à la chaux, ne sont point recouvertes de papier. Les meubles sont peu nombreux : quelques chaises, un large lit, une petite table en bois peint et quelquefois une de ces lourdes mais belles armoires qu'on ne fabrique plus. Dans la grande salle à cheminée, est une sorte de dressoir à tringles en bois, disposées de telle sorte que les assiettes, les plats, etc., y sont placés verticalement et tout contre le mur, à côté des casseroles, poêles, fers à repasser, etc. Aux murs sont suspendus des bénitiers, des crucifix surmontés de rameaux, de lauriers bénits, et ces images d'Epinal brillamment coloriées qui représentent des saints, des cœurs enflammés et rayonnants ; l'Empereur et l'Impératrice caracolant devant beaucoup de généraux et à la vue d'une foule enthousiaste (avec le pavillon de l'horloge dans le fond) ; le Prince Impérial porté par l'armée, l'industrie, l'agriculture et la bourgeoisie (avec l'aigle prenant son vol sur ses épaules au dessous du petit chapeau rayonnant) ; le curé d'Ars ; une série de personnages bottés et décorés, rangés deux à deux avec l'indication de « les souverains à l'exposition » ; et d'autres enluminures du même ton et de la même origine. Une assez grande propreté règne dans toutes les maisons basques.

A l'extérieur, au-dessus de la porte, est une petite niche destinée à recevoir un crucifix ou une statue de la Vierge ; dans le Labourd, à la place de cette niche ou au dessous, on voit souvent une pierre de taille où est gravée soit la date de la construction soit une devise emblématique. Souvent, l'inscription ne donne que le nom du premier propriétaire ; elle est remplacée quelquefois par un écusson armorié.

Devant les maisons isolées dans la campagne et bâties ordinairement sur une hauteur ou tout au bord d'un ruisseau, s'étend presque toujours une pelouse plantée de chênes ou de châtaigniers où, pendant l'été, la famille se réunit le soir et se repose du travail de la journée. Un grand nombre de maisons sont ainsi isolées ; cependant elles sont toujours groupées dans une certaine région cultivée qui fait saillie, pour ainsi dire, au milieu des bois et des landes. Une réunion de maisons très rapprochées, au bord d'une route ou d'un chemin, forme un *quartier*.

Chaque commune a souvent quatre ou cinq quartiers; c'est au quartier principal que se trouvent les deux éléments constitutifs et essentiels de tout village basque, l'église et la place du jeu de paume dont nous reparlerons plus loin.

Les « riches », les « gens à chapeau », les « Américains », se font construire, à grands frais parfois des « châteaux » plus ou moins vastes tout à fait au goût moderne : l'affreux modèle du châlet suisse tend à envahir certains villages. Ces constructions-là ont des jardins réguliers : de belles grilles peintes en rouge les séparent de la route et permettent au passant d'admirer ou d'envier des splendeurs jadis inconnues au pays, tandis que d'un élégant salon dont la fenêtre est entr'ouverte sortent les sons harmonieux d'un piano tourmenté par les mains, plus ou moins habiles, des « demoiselles » de la maison.

Les maisons basques ou plutôt les habitations, champs et terrain environnant compris, ont chacune un nom spécial purement topographique. C'est par exemple *Etcheberri* « maison neuve » *Eliçabide* « sur le chemin de l'église », *Ithurralde* « à côté de la fontaine », *Mendionde* « au pied de la montagne », *Baratchart* « au milieu du jardin ». Jadis l'habitant de la maison en portait le nom; on était Jean de Mendionde ou Marianne d'Eliçabide. De là est venu l'usage de mettre devant les noms un *d* qui a fini par en faire partie intégrante : *Ugalde* n'est par exemple qu'une variante de *uhalde* très souvent écrit *Duhalde* et qui signifie « à côté de l'eau ». C'est là l'origine de tous les noms de famille basques; le conseiller de Lancre cusait en 1609 les Basques d'orgueil, parce que, chez eux « les plus gueux », dit-il, « se font appeler sieurs et dames » d'une telle maison, qui sont les maisons que chacun » d'eux a en son village, quand ce ne serait qu'un parc à » pourceaux ». Cet usage est tellement répandu qu'aujourd'hui chacun a presque toujours deux noms ; tel propriétaire ou fermier, qui sera *Dihursuhéhère* « au bas de l'étang plein de joncs » pour l'état civil, est généralement connu dans le pays sous le nom de *Goyenetche* « maison au-dessus d'une autre », parce que cette appellation est celle de la maison qu'il habite.

Les familles basques, avons-nous dit, sont généralement nombreuses ; les propriétaires, suivant leur fortune, ont chez eux un plus ou moins grand nombre de domestiques de l'un et de l'autre sexe. Tout le monde se lève de très bonne heure et, après un déjeuner sommaire, composé pour les uns de lait et de *metture* (sorte de galette de maïs), pour les autres de pain et de fromage, on se rend au travail. Le père (*etcheko yauna* « seigneur ou maître de la maison ») va à quelque marché des environs ou accompagne ses fils. Les jeunes gens conduisent la lourde charrette qui va chercher le bois, les ajoncs ou la fougère ; ou bien ils vont herser, labourer, moissonner, semer, etc. ; ou bien encore ils vont travailler comme journaliers, comme maçons, charpentiers, etc. Les jeunes filles s'occupent à des travaux domestiques, elles font la lessive, cousent, repassent ; les jours où elles n'ont pas de travail à la maison, elles vont aux champs avec les garçons. La mère de famille, *etcheko anderea* « maîtresse de la maison » reste chez elle ; elle prépare le dîner qui réunira à midi les membres de la famille. Après ce dîner, on se remet au travail jusqu'à la nuit ; on soupe alors.

En hiver, on reste le soir autour du foyer, à la clarté d'une chandelle de résine fumeuse : la mère de famille file, les filles tricotent, les hommes causent entre eux en fumant dans ces petites pipes qu'il faut recharger à chaque instant et que chacun porte toujours dans son béret : la provision de tabac est toujours contenue dans une blague en peau de taupe dite *tacha*, de même que l'on met toujours son argent dans une bourse à l'antique, et jamais dans un porte-monnaie. Souvent des voisins entrent en passant et viennent s'asseoir au foyer ; alors la réunion s'anime : on conte les historiettes, les petits « cancans » du lieu, on chante les vieilles et les nouvelles chansons.

En été, ainsi que je l'ai déjà dit plus haut, la soirée se passe au devant de la porte et toujours plus gaiement. Quelquefois, par exception, on y danse un *saut basque*, exercice réservé d'ordinaire aux fêtes locales ou aux réunions de l'après-midi du dimanche. Cette danse nationale, lente et grave, dont le pas est très complexe et très difficile, qui porte dans le pays basque français le nom original de *mutchico*, est, dit-on, de plus en plus oubliée : c'est exclusivement une danse d'hommes. Autrefois, les prêtres eux-mêmes ne craignaient pas de se mêler aux danseurs ; aujourd'hui, leurs supérieurs le leur ont formellement interdit.

Les soirées d'automne sont souvent consacrées à l'épluchage du maïs. Comme par exemple en Touraine, lors de l'*énoyage*, ce sont là des occasions fort recherchées de veillées joyeuses. Ceux qui y ont pris part, après s'être séparés pour regagner leurs demeures, s'interpellent de loin à grands cris sur les routes silencieuses.

Ces cris ou si l'on veut ce cri national, cet appel retentissant, porte le nom d'*irrincin,* qui désigne aussi le hennissement du cheval. On l'a graphiquement représenté par les syllabes *ia, ia, o, o, o!* où l'imagination du Basque Chaho voyait le mot Dieu et les trois voyelles primitives.

Le dimanche, on ne travaille pas; on fait toilette; les repas sont préparés avec plus de soin. Avant la messe, on va à la « place » assister à quelque partie de paume. Après la grand'messe, on vient s'asseoir à la table où la famille est réunie tout entière et où l'on amène fréquemment quelque convive. Le repas se prolonge plus que d'ordinaire. Après vêpres, on se groupe sur la place, sur une pelouse choisie, à un carrefour habituel. Là, les hommes jouent à la paume ou aux quilles; les plus âgés, les gens sérieux, vont au cabaret faire une partie de cartes ou de billard, en buvant du vin ou du cidre. Cependant les filles jouent entre elles aux quilles, ou bien elles s'asseoient en rond sur l'herbe et bavardent à l'envi.

Les moins fortunés des Basques sont d'une remarquable sobriété. Ils se nourrissent de lait, de galettes de froment dites *ophil,* ou de pain de maïs *(artho),* de fromage de brebis ; ils ne boivent que de l'eau. Si l'on a pu acheter un cochon et l'élever, on le tue à la Noël et voilà la famille pourvue de graisse, de lard, de jambons, qu'on ménage et qui suffisent à la consommation de toute une année. Chez les plus aisés, l'alimentation ne présente à peu près rien de particulier, si ce n'est que, dans les repas un peu solennels, on sert généralement deux potages; le second, dit *eltze-karri* (sauce du pot?) est une soupe de légumes fortement pimentée. L'*eltze-karri* est souvent remplacé par un plat, une sorte de soupe de choux verts, sans pain, égale-

Jeune Basquaise.

ment fort assaisonnée de piments et appelée *garbure*. La cuisine basque est habituellement très épicée.

Lorsqu'on veut témoigner une considération particulière aux invités, le service du repas est fait par la maîtresse de la maison, par sa fille aînée, par sa nièce si elle n'a pas de filles ; si l'hôte est célibataire, le service est fait par quelqu'une de ses jeunes parentes. Les étrangers sont toujours choqués de cet usage qui rappelle les coutumes de l'extrême Orient. Il est certain qu'au moins sous certains rapports, la femme n'est pas toujours traitée, au pays basque, comme elle devrait l'être; dans quelques localités, elle prend part aux travaux les plus pénibles et tient lieu de manouvrier. Nulle part, un homme ne donne le bras ou la main à sa femme lorsqu'il fait route avec elle : elle marche seulement à son côté, souvent même elle le suit, portant, à la façon des Australiennes, les paquets les plus lourds. Dans les jeux publics, les parties de plaisir, les assemblées, les cérémonies, les hommes et les femmes sont toujours séparés.

Les Basques boivent, suivant leur position de fortune, du vin français, du vin espagnol, du petit vin de leur crû, de la piquette, du cidre ou du *pittara* (sorte de piquette de cidre).

L'habillement ordinaire des Basques a été souvent décrit. De toutes ces descriptions, celle qui m'a paru la plus exacte est la suivante : « Voici le jeune Basque : sa tête » est coiffée d'un béret bleu, coquettement penché sur » l'oreille; une ceinture rouge entoure sa taille droite et » élégante. » Cette ceinture, appelée *zinta,* est très caractéristique; elle est en soie ou en laine. Elle est presque toujours rouge en France et violette en Navarre; mais partout elle est noire, si l'on est en deuil. « Sa veste courte » est jetée sur son épaule; sa chemise est d'une blancheur » irréprochable; des agrafes d'argent ferment ses manches, » et un bouton du même métal serre mollement son cou. » Là-bas, c'est le vieillard : un béret couvre aussi sa tête, » il le porte simplement incliné sur le front; sa chevelure

» est longue et flottante ; sa chemise blanche est agrafée » comme celle du jeune homme, sa veste est aussi négligemment posée sur son épaule ; il porte la culotte courte ; » des bas de laine emprisonnent ses deux jambes encore » nerveuses ; sa chaussure en cuir a pour ornement de » belles boucles d'argent. Voici un groupe de femmes. » Cette jeune fille est enveloppée dans une mantille noire » ornée d'une houppe retombant sur le milieu du front ; sa » robe est d'une étoffe modeste. Cette autre porte le mantelet plié sur le bras ; sur sa tête est attaché un mouchoir aux couleurs vives qui laisse voir deux bandeaux » bien lisses de cheveux noirs ; un petit châle couvre ses » épaules. Cette Basquaise avancée en âge est coiffée d'un » mouchoir de mousseline blanche dont une des pointes » flotte sur ses épaules ; son costume est simple et sévère ; » sur sa poitrine pend un modeste bijou en or » qu'on appelle un Saint-Esprit et qui a la forme d'une colombe aux ailes ouvertes, avec un cœur au-dessus ; « cette autre ne » laisse voir ni ses traits, ni aucun détail de son costume : » elle est couverte d'une grande cape noire retombant » jusqu'à ses pieds, et sa tête est enveloppée par un vaste » capuchon bordé de dentelle. » (Notes manuscrites extraites d'un ouvrage inédit.)

Il faut ajouter que les Basquaises ont habituellement, à la campagne, des jupons de laine rouge ; que les hommes, pour les travaux au bois ou à la montagne, portent des espèces de guêtres en laine brune et mettent leurs provisions dans des sacs faits uniquement en fils de coton ; que les pantalons des hommes, en velours comme leurs vestes, sont très souvent à pont. Les hommes, dans certaines occasions importantes, telles que les cérémonies funèbres, ont de grands manteaux à pèlerine ; dans les mêmes circonstances, les femmes maîtresses de maison portent le mantelet (*manteleta*).

Les Basques ne connaissent pas l'usage des cravates ; ils sont généralement chaussés d'espadrilles attachées au-dessus de la cheville par deux lanières d'étoffe bleue ou rouge, qui font plusieurs fois en croix le tour de la jambe. Les hommes ont le plus grand soin de se raser complètement les moustaches et la barbe : le premier souci des jeunes soldats basques, lorsqu'ils reçoivent leur congé définitif, est de faire couper les moustaches et l'impériale que leurs supérieurs militaires leur ont imposées jusque-là ; les vieillards conservent les cheveux longs.

Jeunes et vieux, tous sont armés du *makhila;* on appelle ainsi un bâton de néflier plus ou moins travaillé, plombé à sa partie inférieure et terminé par un trèfle de fer ; la partie supérieure, qui a le plus petit diamètre, est garnie d'une armature en cuivre et porte une lanière de cuir, double et terminée par un gland ou un nœud, qui peut servir à suspendre le *makhila* au poignet de son propriétaire. L'extrémité de cette armature est souvent à vis et cache une longue pointe de fer destinée à piquer les bœufs. A une certaine époque, la police de Bayonne proscrivait impitoyablement le *makhila*, qui a occasionné maintes fois de graves accidents au milieu des rixes qui éclatent si fréquemment les jours de marché ou de fête entre les Basques, les Gascons, les Béarnais et les Espagnols.

Les femmes ont généralement des souliers et des bas les dimanches et jours de fêtes ; les jours ordinaires elles portent des espadrilles peut-être un peu moins grossières que celles des hommes. Il est presque inutile de dire à ce propos que ces jolies pantoufles ornées de rosaces, de rubans bleus et rouges, qu'on vend fort cher aux étrangers à Biarritz et à Saint-Jean-de-Luz, ne se portent pas dans le pays.

Le costume des Basques a nécessairement varié suivant les époques.

Aarsens de Sommerdick en 1666 et de Lancre en 1609 s'accordent pour représenter les Basquaises comme ayant coutume de relever leurs robes sur leur tête, afin de montrer les plis de leurs jupes. De Lancre ajoute que les femmes mariées cachent entièrement leurs cheveux sous des coiffes de divers genres et que les filles portent au contraire les cheveux épars. Oihenart, écrivain basque, dit également en 1638 que les Basquaises qui ne sont pas mariées ont leur chevelure libre et découverte. Le président de Thou, lors de son voyage à Bayonne en 1582, avait cru remarquer que les Basquaises avaient des costumes différents pour chaque âge et chaque état, pour les cérémonies funèbres, pour celles des noces et pour les processions ; il ajoutait que « si l'on voyait ailleurs des gens vêtus à leurs manières, » on croirait qu'ils se sont déguisés exprès pour faire rire » sur un théâtre ou pour aller en masques ».

Un ancien tableau, conservé au palais de la députation à Tolosa, donne un spécimen des coiffures, toutes différentes et aujourd'hui inusitées des femmes de la côte guipuzcoane.

Andres de Poça, en 1587, fait une description complète du costume des Biscayens. Il dit que les femmes mariées ont les cheveux rasés et la tête couverte d'un véritable turban ; elles portent des jupons extrêmement plissés faits chacun de sept aunes d'un drap large de sept quarts (d'aune), qu'elles se ceignent la poitrine juste au-dessous des seins ; enfin que de leurs épaules tombe une très courte cape. Les filles, ajoute-t-il, vont en taille, sans manteau, les cheveux ras sauf au front et aux tempes, et la tête nue ; leurs chemises et leurs jupons sont fort courts. Quant aux montagnards, ils sont revêtus d'une jaquette ouverte des deux côtés, d'un bonnet qui ne garantit ni du soleil ni de la pluie ; le cou et la poitrine restent découverts et les jambes nues jusqu'à la cuisse ; ils portent constamment « un coutelas large et court, sans aucune poignée, une lance et un ou deux dards ».

Abel Jouan qui accompagna, en 1564, Charles IX à Lahonce, Hendaye et Béhobie, dit que les filles mariées sont « toutes tondues » ; Sébastien Moreau, qui suivit François Ier lors de son retour d'Espagne, affirme que les femmes ont sur la tête des grandes cornes. Un siècle après, de Lancre remarqua également que les femmes mariées ou les veuves ont sur leur coiffure des « morions ou tourions » avec ou sans crête, ornement qui paraît fort indécent au digne et sévère magistrat.

L'affirmation de Poça relativement aux dards que les Basques tiennent toujours à la main est confirmée par tous les auteurs de son temps et par ceux du moyen âge. De Lancre dit notamment que les prêtres du pays voyagent d'ordinaire « la demi-pique en main et avec trois ou quatre belles filles ». M. Francisque Michel a cité un passage de la vie de Louis-le-Débonnaire (*Historia Francorum scriptores,*

t. II) où il est dit que ce prince allait à la rencontre de son père, dans le costume des Vascons, c'est-à-dire avec un manteau rond, des braies bouffantes, une camisole à manches ouvertes, des éperons aux pieds, et un dard à la main. Il est aussi question de ces dards dans le tableau suivant que donne des Basques et des Navarrais du XIIe siècle, le manuscrit latin de Saint-Jacques de Compostelle dont nous avons déjà parlé :

« Les Navarrais sont vêtus de robes courtes et coupées » au genou à la façon des Écossais, en drap noir, et de san- » dales en cuir vert appelées *abarka,* mot encore en usage, » et attachées autour du pied par des lanières. Ils portent » des manteaux de laine noirs et frangés, longs jusqu'aux » chevilles, qu'on nomme *saia.* Ils s'habillent, mangent et » boivent d'une façon honteuse : toute la famille de la » maison d'un Navarrais, esclave et maître, servante et » maîtresse, mangent ensemble, sans aucune espèce de » cuiller, mais à pleines mains, de tous les aliments con- » fondus dans un même vase ; ils boivent à la même » coupe. Si vous les voyiez manger, vous les compareriez » à des chiens affamés ou à des pourceaux. » Et plus loin : « Partout où va le Basque ou le Navarrais, il porte sus- » pendu à son cou une corne, à l'instar des chasseurs, et » tient à la main, comme c'est l'usage, deux ou trois dards » qu'il appelle *aucona.* »

Chez un peuple aussi instinctivement conservateur et aussi ardemment attaché à des usages qu'il croit très anciens, on s'attend à trouver des fêtes et des cérémonies particulières. Il n'en est pas tout à fait ainsi.

Les cérémonies funèbres présentent pourtant quelque

originalité. « Le culte des morts est en honneur au pays

Jeune Basque.

» basque ; chacun y garde pieusement le souvenir de ceux
» qui ne sont plus. Lorsque la mort est venue faire un

» vide dans une maison, un des membres de la famille » accomplit pendant un an entier un pèlerinage quotidien » à l'église du village où une messe est célébrée chaque » jour pour l'âme du parent qu'on a perdu. Le jour de » l'enterrement, le lehenauzo « premier voisin » (celui qui » habite la maison la plus rapprochée de celle du défunt) » porte la croix en tête du long convoi de deuil qui marche » lentement et dans le plus profond silence. Les hommes » sont tous drapés dans des manteaux de couleur sombre, » les femmes sont enveloppées de leurs capes noires ; tous » défilent gravement un à un. A l'église, dans de petites » corbeilles d'osier, brûlent des cierges de cire jaune ; les » vapeurs de l'encens remplissent le vaisseau sacré. A un » moment donné, chacun va déposer dans le bonnet du » prêtre le prix d'une messe qui sera dite pour le repos de » l'âme envolée. » (Ouvrage inédit déjà cité.)

Dans certaines localités, la famille du défunt offre en outre neuf pains au prêtre et chaque parent lui remet une galette de froment (Fabre, *Lettres labourdines,* Bayonne, 1869, p. 96).

Il paraît que, dans quelques endroits, le soir même de la mort ou dès que le convoi a quitté la maison mortuaire, on va brûler au prochain carrefour le matelas ou la paillasse du mort, et chaque passant doit dire un *pater* en l'honneur du trépassé. Au sortir du cimetière, on revient à la maison où un grand dîner est préparé, coutume toute naturelle dans un pays où les maisons sont très espacées et où les amis et parents ont dû souvent venir de très loin. Huit jours après, les mêmes parents vont de la même manière assister à une messe funéraire et reviennent ensuite s'asseoir autour de la table où manque un des convives habituels ; c'est ce qu'on appelle *les honneurs*.

Les Basques sont très empressés à saisir toutes les occasions possibles de divertissement. Ils s'abstiennent difficilement d'assister aux fêtes locales. Les fêtes sont habituellement l'occasion d'une grande partie de paume, souvent organisée longtemps à l'avance entre les plus forts joueurs des divers villages ; aussi, à l'heure fixée, une foule énorme se presse-t-elle autour de la place ; des paris, souvent très considérables, sont engagés depuis plusieurs jours, depuis que la partie a été annoncée par de grandes affiches rouges ou jaunes placardées dans tous les villages. Quelle que soit la durée d'une partie, personne ne songe à se retirer.

Pendant le reste de la fête, les visiteurs partagent leur temps entre l'église, l'auberge et la danse. On danse généralement dans la rue ou sur une place plantée d'arbres ; les musiciens jouent quelquefois le *mutchiko*, mais, pour ne pas priver les jeunes filles du seul plaisir qu'elles puissent attendre, ils jouent surtout des *jotas*, des *fandangos*, des *polkas*, des *schottisch* et des quadrilles interminables dont les figures singulièrement variées se répètent au moins cinq ou six fois chacune. A l'auberge, cependant, un grand nombre d'hommes de tout âge se pressent autour d'une petite table. Ils y restent de longues heures (et même toute la nuit si la fête dure plus d'un jour) à boire, à chanter, à jouer aux cartes, à taper sur la table et à pousser des cris effroyablement aigus sous prétexte *d'Irrincina*.

Ce n'est pas seulement à l'occasion d'une fête locale

que les Basques désertent le travail ; quand des parties de paume, que rendent importantes le talent des joueurs et le chiffre des paris engagés, sont organisées pour un jour de marché ou même pour un jour ordinaire, l'empressement est toujours aussi grand. Une grande occasion de réjouissance se présente encore lorsqu'un veuf ou une veuve se remarie : toute la jeunesse du village va donner aux époux, même avant le jour des noces, le plus formidable charivari qu'on puisse imaginer.

Le jeu de cartes que les Basques préfèrent est le *muss*. C'est un jeu évidemment emprunté aux Espagnols. Il se joue toujours avec des cartes espagnoles où, comme on le sait, le *carreau* est remplacé par la *rose,* le *cœur* par la *coupe,* le *trèfle* par le *bâton,* le *pique* par l'*épée*. Une partie se compose de six points, appelés *hamarreko* (dizaines) ; il faut cinq jetons, valant par conséquent deux unités chacun, pour faire un point. On commence par écarter, si l'adversaire y consent, autant de fois que l'on veut, le plus beau jeu consistant à faire 31 points. Puis, on ne jette aucune carte sur la table, mais on propose à son adversaire un nombre de jetons quelconque, en pariant qu'on a telles ou telles cartes, et qu'il ne les pas : s'il refuse, on a gagné un jeton ; s'il accepte, on compare les jeux et, suivant que l'on a ou non des *doubles* ou *paires,* des *petits* (as, deux, etc...), des *grands* (figures) ou du *jeu,* on gagne ou l'adversaire gagne le nombre de jetons proposé. Quand on a trois doubles, qu'on appelle *mediak,* l'enjeu qu'on gagne est doublé ; de même, quand les propositions portent sur le jeu. L'adversaire peut, en acceptant (et pour cela il n'a qu'à dire *iduki* « tenu » ou *daukat* « je le tiens) » proposer un enjeu plus fort. S'il n'a rien, il répond *paso* « je passe » ; celui qui lui faisait une proposition ne gagne et ne marque rien. On peut mettre en question toute la partie sur un seul coup, ce qui se fait en disant *hor dago* « (le jeu) demeure là ». Les Basques jouent le plus souvent au *muss,* à quatre, par partenaires : il y a certains signes de convention par lesquels les partenaires s'avertissent de leur jeu à la dérobée ; c'est même, paraît-il, ce qui donne le plus d'animation et d'intérêt à la partie.

Mais le jeu véritablement préféré des Basques est le jeu de paume ou, comme on dit dans le pays, de *pelote*. On en compte quatre espèces, trois qui se jouent en plein air sur les *places* spéciales, le *rebot,* la *longue* et le *blé* ou *blaid,* et un qui se joue dans une salle murée et couverte, le *trinquet*.

La *place* affectée au jeu de paume est formée par un long rectangle entouré de murs de trois côtés et dont le sol est toujours soigneusement aplani. L'un des petits côtés est ouvert, mais l'autre est fermé par un mur parfaitement vertical, relativement élevé, terminé par un demi-cercle, ou de forme rectangulaire. C'est le *rebot,* contre lequel la balle doit être lancée. Les rebots portent généralement l'inscription suivante : *debekatua da bleka haritcea* « il est défendu de jouer au blé » ; nous expliquerons plus loin la nature de ce jeu, auquel, malgré la défense, les gamins du village se livrent impunément à toute heure. Les murs des grands côtés sont bas ; quelques places sont dépourvues de ces clôtures latérales et se réduisent au seul rebot, mais, lorsque ces petits murs existent, ils sont assez épais pour pouvoir servir de bancs aux plus empressés des curieux :

parfois ils sont disposés en gradins. Sur quelques places, on trouve vers le milieu de l'enceinte une sorte de colonnette fixe, haute de soixante à quatre-vingts centimètres, c'est le *but*; d'ordinaire il est en bois et portatif.

Une partie de pelote au *rebot* est fort intéressante. Les joueurs sont en bras de chemises ; chaussés d'espadrilles, coiffés d'un béret, ils ont leur main droite armée d'un *gant* ou raquette en cuir ou en osier ; les gantelets en osier, plus longs et plus répandus aujourd'hui que ceux en cuir, sont appelés *chichtra*. Une partie se compose ordinairement de treize jeux ; chaque jeu comprend quatre points nommés *quinze, trente, quarante* et *le jeu*. Un crieur, debout à droite du rebot, annonce le résultat de chaque coup.

Les joueurs au nombre de huit, six ou quatre, se partagent en deux camps. Supposons qu'ils soient six ; l'un des trois du parti de la défense se place auprès du rebot, un second à quelques pas en arrière et le dernier sur une ligne qui est tracée sur le sol à environ quarante mètres du rebot et qu'on désigne sous le nom de ligne du *paso*. Devant le *but*, est le premier joueur du parti de l'attaque, un de ses compagnons se place tout au bout de la place et le troisième se met à égale distance des deux. C'est le joueur qui est au but, et qui se nomme pour cette raison le *buteur*, qui commence : il lance la balle à main nue sur le but de façon à ce qu'elle vienne rebondir sur le rebot ; son adversaire placé au pied du mur saisit au vol la paume avec sa raquette et l'envoie à l'autre bout de la place. Le joueur ennemi posté à cette extrémité cherche à son tour à l'attraper et à la renvoyer en avant. On appelle *rechasseurs* les joueurs qui ne sont placés ni au but, ni au rebot.

Le point est gagné par le parti qui a le dernier envoyé la pelote dans le camp adverse où elle n'a pas été relevée, à moins que la balle ne soit tombée hors de l'enceinte, auquel cas il y a « faute » *falta,* ce qui fait gagner le point aux ennemis. Le point n'est ni gagné ni perdu si la balle n'est arrêtée entre la ligne du *paso* et une ligne tracée à deux mètres en avant du rebot ; dans ce cas, on tire une raie, qu'on nomme une *chasse,* là où la balle est tombée et, pour la dispute du point, cette chasse remplace la ligne du *paso.* On ne peut faire plus de deux chasses ; après la deuxième le point est définitivement gagné ou perdu, mais les deux camps changent de place ; le *buteur* passe au rebot et le joueur adverse qui était au pied du rebot le remplace près du but ; les rechasseurs permutent aussi.

Si les deux partis ont fait alternativement les trois premiers points, c'est-à-dire, s'ils ont chacun *quarante,* on dit qu'ils sont *à deux;* le premier qui gagne ensuite ne fait point *le jeu,* il demeure à *quarante,* mais le parti adverse perd un point et ne marque plus que *trente.* Au point *quarante,* il suffit d'une chasse pour amener le chassé-croisé des joueurs. Les jeux s'égalisent souvent ainsi plusieurs fois de suite.

Les coups douteux sont jugés par un jury de quatre ou six membres désignés en nombre égal par chaque camp. Leur décision est souveraine, sauf appel des joueurs au public. Si l'un des joueurs fait cet appel en criant : *plaza !* « la place », les juges circulent dans les rangs des spectateurs et recueillent les avis. L'opinion de la majorité est décisive et irrévocable.

La *longue,* appelée par les Basques *le lacho,* ne diffère

du jeu précédent que par l'absence du rebot. Lorsqu'on joue de cette manière sur les places, le *but,* qui est ordinairement à un ou deux mètres en avant de la ligne du *paso,* se transporte à la même distance d'une autre ligne tracée à une distance double c'est-à-dire à quatre-vingts mètres du rebot. Dans le *lacho,* cette dernière ligne représente la ligne du *paso;* celle-ci joue le rôle de la ligne située à deux mètres en avant du rebot dans le jeu ordinaire ; c'est donc entre ces deux lignes, c'est-à-dire entre les deux positions possibles de la ligne du *paso* que les *chasses* ont lieu dans la longue.

Le *trinquet* se joue dans une salle rectangulaire ordinairement couverte. « La règle de ce jeu, dit Chaho, con- » siste à faire passer chaque fois la paume par-dessus une » corde tendue à la hauteur de quatre pieds, au milieu » d'un carré étroit, dont les angles rendent la direction » de la balle fort irrégulière et obligent les joueurs à » lutter contre ces difficultés réunies par la précision du » coup d'œil, par la souplesse des mouvements et la » promptitude des coups, en évitant de se heurter et de » s'embarrasser les uns les autres. »

Quant au *blé, bled* ou *blaid,* c'est tout bonnement le jeu bien connu et vulgairement appelé en France « la balle au mur ».

En résumé, ce jeu national de la pelote est un jeu purement espagnol qui diffère par de simples détails du grand jeu de paume français si connu aux deux derniers siècles. On sait quel rôle a joué dans l'histoire révolutionnaire l'une de nos salles de jeux de paume. Les parties comptaient ordinairement six ou huit jeux divisés en soixante points qu'on comptait par *quinze, trente,* et *quarante-cinq;* il y avait des *chasses* et des *à deux*. Il y avait même des *à deux de jeu* (l'expression nous est restée dans la vie ordinaire), lorsque les deux camps atteignaient le nombre de jeux voulu moins un, sept ou cinq par conséquent. Le premier qui gagnait conservait les sept ou cinq jeux; mais l'autre en perdait un et n'en comptait plus que six ou quatre.

Un autre amusement très commun dans une certaine partie du pays basque et principalement dans la Soule, consiste dans la représentation d'une *pastorale*.

On nomme ainsi des pièces de théâtre, dont aucune n'a jamais été imprimée; elles se transmettent de génération en génération par des copies manuscrites exécutées avec assez peu de soin. Les scribes du pays ne pouvaient avoir le souci de conserver à ces compositions leur forme exacte et, préoccupés seulement du fond, faisaient à chaque copie les corrections nécessaires pour que le texte demeurât intelligible à tous.

Une particularité remarquable des pastorales basques, c'est qu'elles ne sont conservées que dans la Soule, c'est-à-dire dans les deux cantons français de Tardets et de Mauléon; là seulement on en joue quelqu'une chaque année, malgré la défense des curés, à l'occasion de quelque grande fête locale. On prétend, en effet, que tout n'est pas, dans ces vieux dialogues, d'une stricte orthodoxie : en outre, ces représentations occasionnent un grand concours de spectateurs et peuvent donner lieu à certains désordres.

Chaque pastorale est précédée d'un long prologue qui résume tout le *scenario,* et terminée par une *moralité* appropriée au sujet. Ces deux tirades sont débitées avec emphase par l'un des acteurs qui arpente majestueusement le devant de la scène et récite alternativement un couplet à droite, un à gauche et l'autre au milieu, en faisant face au public. L'emphase est d'ailleurs traditionnelle ainsi que le ton, le geste, le rhythme et le costume des acteurs. Les jeunes paysans, car les pastorales sont rarement jouées par des personnes âgées de plus de vingt-cinq à vingt-six ans ou par des hommes mariés, les jeunes paysans ou les jolies villageoises (car les acteurs sont tous exclusivement des jeunes gens ou des jeunes filles) qui ont résolu de monter une pastorale prennent de véritables leçons de récitation auprès des anciens ; les répétitions exigent de longs mois, et il n'est pas rare de rencontrer de pauvres bergers étudiant leurs rôles au milieu de leurs troupeaux et lançant leurs répliques ardentes ou leurs humbles supplications aux échos de la montagne.

L'action est toujours très vive ; les mouvements suivent le rhythme du chant, et, dans les scènes figurant des batailles, par exemple, les combattants avancent et reculent régulièrement en disant les deux premiers et les deux derniers vers du quatrain que mon savant ami M. Wentworth Webster compare à la strophe et à l'anti-strophe des tragiques grecs.

Il paraît que, d'ordinaire, le spectacle, qui est précédé d'une promenade de « toute la troupe » dans le village, ne dure pas moins de sept ou huit heures ; mais quelle qu'en soit la durée, l'attention des spectateurs ne se dément pas une minute. Cette patience et cette contention générales rappellent tout-à-fait celles dont font preuve les Indiens dans les mêmes circonstances. A Pondichéry, par exemple, les jours de fêtes nationales, un théâtre assez primitif se dresse sur la place du gouvernement, et des amateurs y jouent les grands drames du répertoire classique indien, plus ou moins exactement traduits en tamoul, la langue vulgaire ; la pièce se prolonge d'habitude pendant deux ou trois nuits consécutives, sans jamais lasser la longanimité des auditeurs. Il en est ainsi des Basques : leurs impressions se traduisent par des interruptions expressives : la mort d'un héros est notamment accueillie par des « Aï! aï! » universels, soulignés par les coups de fusil des gardiens ou surveillants du théâtre.

Il est d'usage, en effet, que quatre ou six montagnards, armés de fusils, en bérets, pantalons blancs et blouses bleues, montent la garde des deux côtés de la scène. Celle-ci n'est, d'ailleurs, qu'un simple plancher maintenu par des solives transversales et posé sur une triple rangée de barriques. Un escalier de quelques marches y donne accès par devant ; large de huit à dix mètres et profonde de cinq à six, la scène est séparée en deux parties inégales par un rideau, le plus souvent un drap vulgaire, ornementé de fleurs et de rubans, suspendu sur une corde à une hauteur de deux à trois mètres : le tiers postérieur est ainsi réservé ; c'est là que, dans les intervalles, se retirent, par les deux extrémités, les acteurs ; c'est là que se tiennent les couturières et les ouvriers dont on pourrait avoir besoin pour des réparations urgentes aux vêtements ou au matériel. Les côtés mêmes de cette sorte de foyer sont ouverts à tous les regards. Quant à la scène proprement dite, elle est absolument nue ; un gigantesque mannequin articulé, qu'on fait mouvoir par des ficelles à l'instar des polichinelles d'enfants, s'y voit cependant presque toujours, sur la droite : c'est la représentation de Mahomet, le « dieu » des « Turcs » que ceux-ci et les démons saluent respectueusement chaque fois qu'ils entrent ou qu'ils sortent, car au fond de chaque pastorale se retrouve la lutte des chrétiens contre les musulmans. Des sièges sont aussi placés sur l'estrade, quand sa longueur le permet, à l'usage des principales personnalités du pays et des spectateurs de distinction : n'en était-il pas de même dans tous nos théâtres en France aux derniers siècles ?

L'orchestre est également sur le théâtre ; il se réduit à deux ou trois ménétriers de village, un violoniste et un ou deux de ces musiciens basques qui jouent d'une main sur le *chirola*, espèce de flageolet rustique, tandis que de l'autre ils s'accompagnent sur un tambourin suspendu à leur ceinture.

Le théâtre est ordinairement construit sur la place principale du village, et il est souvent adossé au mur du jeu de paume. Une autre disposition fréquente consiste à l'élever contre la façade latérale d'une maison particulière ou mieux d'une auberge : l'estrade est mise alors au niveau d'une des fenêtres, qui sert d'entrée aux artistes.

Les costumes ne sont point exclusivement de fantaisie. Il y a des particularités obligatoires, pour ainsi dire réglementaires : le bleu est, de temps immémorial, la couleur des bons, des Français, des chrétiens ; le rouge, celle des méchants, des Anglais, des « Turcs », des démons ; les rois doivent porter de grandes couronnes qu'on a comparées à de grosses cages d'oiseaux coniques qui seraient faites de bâtons de sucre de pomme ; les rois chrétiens ont deux montres et deux chaînes et chaussent de petits souliers à boucles, tandis que les « Turcs » portent de grandes bottes éperonnées à lourds talons et ont sur la tête les panaches et les plumets les plus extravagants. Les monarques ont toujours sur la poitrine la croix de la Légion d'honneur, et leur sceptre est avantageusement remplacé par le *makhila,* la canne basque, en néflier, dont les brillantes armatures de cuivre dissimulent un aiguillon primitivement destiné à piquer les bœufs. A ces détails habituels, le caprice individuel ajoute mille accessoires empruntés à la défroque des riches maisons du voisinage : l'habit noir et le chapeau cylindrique ont figuré dans beaucoup de pastorales. L'effet de ces accoutrements est d'une naïveté qui les sauve du ridicule : qu'on s'imagine Charlemagne avec des lunettes bleues, un habit bleu, des gants de coton blanc, un makhila, deux chaînes d'or et la croix d'honneur ! Qu'on se représente Clarisse, la belle-fille d'Astolphe, en chapeau rond, en châle, avec des gants de coton et une immense crinoline ! Les anges, d'ordinaire de jeunes enfants, ont sur la tête une couronne de fleurs ; ils portent une tunique et une ceinture blanche, et tiennent constamment entre leurs mains jointes une grande croix de bois doré.

L'habillement le plus remarquable est celui des démons, le rôle le plus fatigant de la pastorale. Ils occupent presque constamment la scène, et M. Webster compare volontiers leur fonction à celle du chœur antique. Ce que les livrets appellent « satanerie », c'est-à-dire entrée des démons Bulgifer (altération inexpliquée de Lucifer), Satan, Belzebuth et même Brindamour, se termine souvent par une danse dont le pas tournant est très compliqué.

Coiffés d'un petit tricorne rouge orné de rubans et de plumets de même couleur, les « satans » ont une veste ouverte et un gilet écarlates, une ceinture de soie rouge, un pantalon blanc galonné, et ils sont chaussés d'espadrilles rouges garnies de petites clochettes. Naguère encore ils devaient porter la culotte courte et les bas de soie blancs ; cette coutume n'est plus observée. Mais la pièce la plus originale de leur costume est une petite baguette longue d'un pied environ, véritable caducée avec ses deux rubans rouges, qu'ils agitent sans cesse et dont ils ne se séparent jamais.

Les frais relativement considérables qu'entraîne la représentation d'une pastorale sont couverts, soit à l'aide des cotisations des acteurs volontaires, soit par des souscriptions ou des dons généreux, soit enfin par le produit d'une quête faite au milieu de la foule vers la fin du spectacle. Pendant toute sa durée, d'ailleurs, des rafraîchissements sont libéralement distribués à tous. Des jeunes filles, choisies parmi les plus jolies et les plus gracieuses, circulent à cet effet sur toute la place, offrant aux dames de l'eau sucrée ou de l'eau rougie, aux hommes du vin plus ou moins pur. A leur dernier tour, elles sont accompagnées de jeunes gens qui présentent des plateaux couverts déja de menues pièces d'argent et où se dresse une superbe pomme reinette dans laquelle sont fixées plusieurs pièces d'or. Cet appel direct à la bourse des auditeurs est toujours fructueusement entendu.

Une autre source importante de revenus était aussi la mise aux enchères du privilège de danser, après la représentation, le premier *saut basque* sur le théâtre ; les habitants d'un même village réunissaient souvent toutes leurs ressources disponibles pour l'emporter sur leurs voisins d'une autre vallée et obtenir des commissaires de la pastorale le droit exclusif de commencer le premier tour de danse. Le saut basque n'est en quelque sorte d'ailleurs que le dernier survivant, le représentant attardé d'une abondante série de danses spéciales, aux pas variés, toujours exécuté par les hommes seuls et dont quelques-uns étaient encore connus en Guipuzcoa, il y a un demi-siècle ; on citait *la danse de l'épée,* la danse *du pardon,* le *zortziko* ou « octavin », la *danse du boire,* etc.

J'aurais pu mentionner parmi les distractions favorites du peuple basque les grandes chasses à la palombe qui se font en août et en octobre, c'est-à-dire aux époques des migrations des oiseaux, dans les gorges des Pyrénées ; et aussi l'exercice qui consiste à lancer le plus loin possible une barre de fer nommée *palenka.* Mais il n'y a là rien d'original.

Au surplus, comme on l'a vu ci-dessus, jeux, costumes, mœurs, rien n'est bien caractéristique, rien n'est spécial, et tout a varié chez les Basques. Ils ne sauraient raisonnablement s'en plaindre, pas plus qu'on n'aurait le droit de s'en faire un grief contre eux. Dans ce vaste univers, rien n'est stable, rien ne dure, et tout, comme dit le poète, « est le jouet de la fortune errante et capricieuse dans sa démarche irrésolue » :

Passibus ambiguis fortuna volubilis errat !

CHAPITRE VI

LES BASQUES

RELIGION — SUPERSTITION — SORCELLERIE

Si l'on demande par hasard à un Basque de dire dans sa langue un nom de personne antérieur au christianisme, il ne comprendra certainement pas la question et, pour peu qu'on le presse, il affirmera volontiers que les Basques ont toujours été catholiques. Cette réponse fera sourire ; elle est pourtant rigoureusement exacte en ce sens que le christianisme orthodoxe a été la seule religion des Basques, en ce sens qu'antérieurement à leur conversion à ce culte ils n'avaient, à mon avis du moins, aucun Dieu, aucune idée religieuse, aucun prêtre. La langue basque est à cet égard d'une pauvreté significative ; les partisans d'une religion primitive basque ne s'appuient que sur des traditions vagues, des interprétations arbitraires et des hypothèses sans fondement.

Les Basques ont toujours été bons chrétiens, ainsi qu'une chanson populaire en fait foi. La tentative de Jeanne d'Albret pour propager parmi eux la réforme ne paraît

Eglise et monastère d'Irache.

pas avoir produit de grands résultats ; elle envoya des ministres dans un certain nombre de villages de la Basse-Navarre et fit traduire le Nouveau-Testament dans la langue du pays. Mais je ne crois pas qu'il y ait aujourd'hui plus de dix à douze Basques faisant profession de protestantisme.

Les Basques ont été plus accessibles aux idées jansénistes, et par parenthèse je rappellerai que Jansénius a été de 1612 à 1614 principal du collège de Bayonne ; mais la grande majorité est restée attachée aux pures doctrines romaines.

Déjà, au XIIe siècle, suivant le pèlerin Aimeric Picaud, ils ne manquaient jamais d'aller à l'Église et d'y faire les offrandes prescrites ; ce qui ne les empêchait pas d'ailleurs de se livrer à toutes sortes d'excès et de détrousser régulièrement les voyageurs, fussent-ils ou non des pèlerins de Saint-Jacques. Aujourd'hui, les mœurs se sont adoucies, mais le peuple est resté très pratiquant.

Les fêtes solennelles, les jours consacrés à l'adoration du Saint-Sacrement, les *missions*, occasionnent une recrudescence de piété ; le maire d'une commune très importante se vantait dernièrement d'avoir vu tous ses administrés se confesser et communier lors de la dernière mission.

Les églises sont généralement sombres, froides et silencieuses. L'autel est étincelant de dorures. Quelquefois, deux chaires s'y font vis-à-vis et servent à des conférences entre le curé et l'un de ses vicaires, pour l'instruction et l'édification des fidèles. Les confessionnaux abondent. La nef est réservée aux femmes qui y placent leurs chaises ou s'y accroupissent sur de petits tapis de drap noir qu'elles apportent avec elles. Chaque famille a sa place déterminée, plus près ou plus loin du chœur, suivant son rang social ; quand elles étaient en deuil, les femmes devaient jadis tenir pendant les offices un cierge allumé : les pauvres avaient seulement de ces rouleaux de cire qu'on appelle à Paris des *rats*. On prétend même que les veuves ne pouvaient se remarier que lorsque le cierge ou le rat était entièrement consumé. Le long des murs, on remarque deux ou trois rangs superposés d'étroites galeries, avec bancs et balustrades ; ce sont les places destinées aux hommes. A la première galerie, au-dessus du portail, est quelquefois un orgue ; à cette galerie aussi, le maire et ses adjoints ont leurs places réservées dans une sorte de loge construite souvent en avancée.

Beaucoup d'églises ouvrent sur un large portail que surmonte le clocher. Il y a là comme une salle plus ou moins spacieuse où se réunissaient jadis les conseils communaux. Au premier étage du clocher et communiquant avec la première galerie de l'église, est souvent aussi une salle, fermée celle-là, où se fait l'école dans les plus pauvres communes.

Tout autour de l'église est le cimetière fermé de tous les côtés par un mur élevé ; on y entre par deux ou par trois ouvertures sans porte, mais dont le seuil consiste en un trou recouvert d'une grille destinée à arrêter les animaux errants. Les tombes sont formées de dalles simplement posées sur le sol et portant des inscriptions, presque toujours en basque, analogues à celles de tous les cimetières.

Comme toutes les populations des campagnes, les

Basques ont de nombreuses superstitions, parmi lesquelles on peut citer les suivantes :

1° Voir une femme sous sa fenêtre un lundi est un présage de mauvais jour pendant la semaine; 2° celui qui entend chanter pour la première fois le coucou fera fortune s'il a de l'argent sur lui à ce moment; 3° le jour de son mariage, un fiancé prudent s'efforcera de retenir pendant la cérémonie sous ses genoux un pan de la robe de sa fiancée pour être le maître dans son ménage ; 4° si par hasard, dans la soirée, le chant du coq se fait entendre, c'est que le vigilant animal a senti passer les sorcières qui se rendent au sabbat ; aussi pour conjurer le sort faut-il vite jeter une poignée de sel dans le foyer ; etc.

Nous venons de voir que les Basques croient aux sorciers ; ce n'est plus aujourd'hui que la trace d'une maladie mentale jadis universelle dans le pays. Issue des ignorances, des terreurs, des souffrances matérielles de la nuit du moyen-âge, la sorcellerie avait pris dans les régions occidentales de l'Europe un développement considérable. La croyance au surnaturel sans cesse agissant sur le naturel et susceptible même de subir son influence, l'insuccès fréquent des prières et le redoublement de la misère publique avaient peu à peu amené dans la foi religieuse une déviation remarquable, et substitué le culte de l'esprit malfaisant, du Démon prochain, à celui du Dieu bienfaisant mais éloigné. Le mal menace imminent, le bien tarde à venir ; invoquons donc le génie du mal et donnons-nous à lui pour nous concilier ses faveurs.

De ce raisonnement était résulté une sorte de religion occulte et mystérieuse, donnant satisfaction aux instincts de jalousie, aux passions rancunières, aux besoins inassouvis, aux convoitises impatientes des déshérités. Condamnés par la religion officielle, hostiles à l'organisation sociale, ces mécontents étaient par là même voués aux excentricités d'allures, aux agissements ténébreux, et forcés de se montrer d'autant plus cruels pour leurs ennemis qu'on les traquait plus impitoyablement. Il leur fallut dominer par la terreur dans les campagnes. Aussi peu à peu le mal devint-il universel.

Le Labourd offrait un champ merveilleux pour le développement d'une telle franc-maçonnerie, si l'assimilation dont ce mot donne l'idée n'est pas trop inexacte. Terre peu cultivée, inféconde, peuplée d'une race très impressionnable et très crédule, patrie de nombreux marins en qui les voyages et les aventures ne pouvaient qu'accroître le goût pour le merveilleux et le surnaturel, habité la plus grande partie du temps par des femmes laissées seules en compagnie de prêtres aux allures étranges ; le Labourd était devenu, au commencement du XVIIe siècle, le pays des sorciers par excellence. De nombreuses traces en sont restées dans les contes, les récits et même les croyances contemporaines ; les livres religieux basques du dernier siècle sont remplis d'imprécations et de malédictions contre les devins, les sorciers et leurs adeptes. Enfin, un livre des plus curieux, découvert par Michelet et cité largement par d'autres après lui, est extrêmement instructif à cet égard. Il est intitulé *De l'inconstance des mauvais anges et démons* par Pierre de Lancre, conseiller au Parlement de Bordeaux ; il a eu deux éditions successives, en 1610 et 1613. On y trouve presque intégralement tous les détails de la procédure faite par l'auteur, en compagnie du président d'Espaignet, contre les sorciers du Labourd en 1609.

L'enquête dura quatre mois, de mai à octobre, pendant lesquels les commissaires parcoururent tout le pays ; mais leurs stations principales furent Ascain et Saint-Pée. Ils reçurent les dépositions de plus de cinq cents témoins (la plupart étaient des enfants et surtout des petites filles de six à douze ans) ; ils jugèrent, condamnèrent et firent exécuter une soixantaine de « sorciers » dont au moins cinq prêtres. Je vais résumer ci-après, le plus brièvement possible, les faits constatés par les magistrats bordelais.

En premier lieu, de Lancre raconte le mécontentement de Satan lorsqu'il se vit pourchassé sur ce domaine qu'il possédait librement depuis si longtemps. Aussi, n'est-il pas de ruses et de prestiges qu'il n'ait mis en œuvre pour troubler le cours de la justice : « Mais Dieu avait déjà » montré sa volonté et sa toute-puissance et rien ne pré- » valut contre elles ; de la tête d'une des premières sor- » cières brûlées vives sortit, preuve évidente de ses » crimes, une véritable fourmilière de crapauds : l'un de » ces monstres, tout noir, ne parut sentir ni le feu ni les » coups de sabres et de pierres, et disparut sans qu'on » pût savoir comment. »

Des paroisses tout entières étaient peuplées de sorciers qui se rendaient tous au sabbat, curés en tête. Les uns y allaient tout simplement à pied ; d'autres s'y transportaient à travers les airs à cheval sur un balai ou sans aucune monture, après s'être enduit le corps d'un onguent spécial. On y amenait souvent des amis, des parents ou des enfants qu'on venait offrir à Satan ; la puissance de ces sorciers était telle qu'aucune clôture ne pouvait les arrêter, et même, pour tromper leurs gardiens, lorsqu'on voulait les empêcher de sortir de la maison, ils pouvaient laisser à leur place la forme de leurs corps. C'est ainsi qu'une personne que nos deux magistrats enquêteurs avaient fait lier sur son lit à Ascain et qu'on n'avait pas quittée des yeux, put néanmoins raconter sur le sabbat tenu cette même nuit des détails dont sa confrontation avec d'autres « sorciers » fit reconnaître la parfaite exactitude. La faculté de locomotion des sorciers était telle qu'on amena à de Lancre une femme qui d'un seul pas était descendue du sommet de la Rhune (963^{m}) au hameau de Béhobie, à huit kilomètres de là.

C'est à la nuit close qu'avait lieu le sabbat. Les coqs, ces vigilants ennemis du démon, on ne nous dit point pour quelle raison, avaient soin par leur chant d'avertir leurs maîtres du passage des sorciers. C'est pourquoi beaucoup de vieilles femmes ont encore aujourd'hui l'habitude, dans le pays basque, de jeter sur le feu une poignée de sel, lorsqu'elles entendent le chant du coq pendant la nuit : c'est le seul moyen de conjurer le sort qui a pu être jeté sur la maison et ses habitants par le sorcier dont le fidèle animal a révélé la présence.

Le sabbat se tenait habituellement en plein air, dans une lande nue, sur un carrefour, à l'entrée d'un bois. Quelquefois pourtant il avait lieu au milieu des villages, sur la place principale, comme à Ascain, ou dans une grande maison, comme dans le château aujourd'hui en ruines de Saint-Pée. Là le démon posait sa « chaire » dorée où il prenait place, le plus souvent sous la forme d'un bouc.

Les sorciers défilaient alors devant lui, renouvelant leur renonciation à Dieu, l'adorant et l'embrassant par derrière ; quelques-uns lui offraient de jeunes enfants inconscients ou des recrues volontaires.

Pour éviter la présence irrégulière des profanes, un signe de reconnaissance était exigé ; c'était parfois la récitation de la série des jours de la semaine : mais il fallait avoir soin d'omettre le nom du dimanche, témoin le conte basque des deux bossus : le premier, amené au sabbat par sa maîtresse et endoctriné par elle, oublie ses recommandations et prononce nettement le septième mot « dimanche » : grand émoi dans l'Assemblée, mais le diable se montre bon prince et renvoie l'intrus débarrassé de sa bosse. Celui-ci n'a garde de taire son aventure ; et l'autre bossu d'accourir à son tour au sabbat où, moins accommodant cette fois, le démon lui fait ajouter sur le dos la bosse enlevée à son camarade.

Ordinairement, dans les communes de la côte principalement, une messe était célébrée « par dérision et moquerie » et souvent par un prêtre, avec toutes les cérémonies ordinaires, mais avec cette particularité que l'hostie était noire. Après la messe et la quête, les sorciers et les sorcières se livraient à de véritables orgies.

Les enfants gardaient les « troupeaux » de crapauds et de vipères, et les vieilles femmes fabriquaient les poisons, les onguents et les poudres malfaisantes. Le principe de ces compositions est toujours le bois du cornouiller sanguin (en basque *zuhaindor*), ou arbre maudit, et la chair des crapauds ou des vipères. C'est avec ces poudres que l'on jetait des sorts et que l'on faisait mourir le bétail.

Le sabbat durait jusqu'à l'aurore. On se dispersait alors régulièrement. D'autres fois, il était brusquement interrompu soit par le chant d'un coq, soit par un signe de croix, soit par une parole intempestive comme celle de cette fille d'Urdax qui assistait pour la première fois à la réunion et qui, émerveillée du spectacle, ne put retenir l'exclamation admirative : « Jésus ! », qui eut pour résultat de la laisser toute seule, dans la plus profonde obscurité, au milieu des landes sauvages.

Tels sont, en peu de mots, les résultats de l'instruction judiciaire dirigée pendant quatre longs mois par deux personnages considérables, deux magistrats importants du Parlement de Bordeaux. Que devons-nous en penser et quels jugements porterons-nous, non seulement sur ces faits, mais encore sur l'œuvre de la justice ? La seule conclusion qu'il soit possible de tirer de la lecture du livre de de Lancre, c'est simplement qu'au dix-septième siècle les habitants du Labourd étaient sous le coup d'une véritable épidémie morale, entretenue et propagée par la crédulité, d'une part, et de l'autre par la persécution.

A de pareilles maladies il n'y a qu'un remède, l'instruction ; les progrès inévitables amenés par la suite des temps peuvent seuls mettre fin à un pareil état des esprits. Soixante ans seulement après la mission de MM. de Lancre et d'Espaignet, on constate à ce point de vue une amélioration sensible. Dans une lettre de la municipalité de Bayonne à l'Intendant de Guyenne, en date du 11 juillet 1671, il est question de sept ou huit femmes emprisonnées comme sorcières. Après avoir raconté ce que disaient ces femmes des orgies du sabbat, les édiles bayonnais ajoutent :

Maison natale d'Ignace de Loyola.

« elles sont toujours restées misérables et au retour du sabbat, elles mouraient de faim ; en sorte qu'elles avouent que ces régals imaginaires de viandes de toute façon n'étoient qu'illusion et fourberie ». Au fond d'ailleurs, disent les mêmes magistrats, « nous sommes en peine de croire toutes les impiétés et abominations qu'elles disent avec franchise et persévérance ».

Le doute qu'expriment ces derniers mots est le commencement de la sagesse ; ce sont là les premiers indices de l'esprit scientifique moderne.

CHAPITRE VII

LES BASQUES

LITTÉRATURE ÉCRITE — LITTÉRATURE POPULAIRE
CHANSONS — PROVERBES
FORMULES, DEVINETTES — CONTES

Le département des Basses-Pyrénées pouvait passer vers 1789 pour l'un des plus éclairés de la France ; trente-sept conjoints sur cent signaient leur acte de mariage, ce qui mettait le département au vingt-quatrième rang sur le tableau général de l'instruction en France. Il n'occupe plus aujourd'hui que le quarante-troisième rang pour les hommes et le soixante-troisième pour les femmes. Mais en examinant de près les détails de la statistique, on constate que le recul ou plutôt que le retard de cette région sur le reste de la France est dû surtout aux cantons basques. En 1879, l'arrondissement de Pau présentait huit conscrits illettrés sur cent, Oloron onze et Orthez dix-huit ; mais Bayonne en avait vingt et Mauléon trente-six. Or la ville de Bayonne est la plus lettrée du département : en 1873, on y comptait seulement vingt et un hommes et quarante-trois femmes illettrés pour cent, tandis que les cantons basques qui l'entourent donnaient les chiffres suivants : de cinquante à soixante-douze pour les hommes et de soixante à soixante-seize pour les femmes.

Le Basque d'ailleurs dans sa vie ordinaire lit peu et écrit moins encore. Les journaux ne l'intéressent pas ; les livres l'ennuient. Il est pourtant intelligent et très susceptible d'être instruit. Plusieurs écrivains de mérite, français ou espagnols, étaient Basques. Mais il n'existe pas de littérature nationale proprement dite. Les quelque cinq ou six cents volumes en langue basque qui ont pu être répandus dans le pays sont des traductions du français, de l'espagnol ou du latin ; et le très petit nombre des ouvrages originaux ont été certainement pensés et écrits par des gens qui avaient reçu une éducation complètement française ou castillane. Ce sont en général des livres religieux d'un intérêt des plus médiocres, des traductions de livres tels que l'*Imitation* de Gerson, le *Combat spirituel* de Scupoli, la *Vie dévote* de François de Sales, et maints recueils de méditations, de cantiques et de prières. L'écrivain basque le plus célèbre est peut-être un certain curé de Sare, Pierre de Axular, mort en 1643. On prétend qu'il fit à pied le voyage de Paris pour soumettre à Henri IV lui-même certains griefs personnels. Une légende s'est formée autour de son nom : il n'avait pas d'ombre, dit-on, parce qu'il l'avait donnée un jour au diable qui habitait dans une grotte du mont Mondarrain ; profitant d'une certaine position du soleil qui projetait les ombres sur les parois de la grotte, il avait trompé Satan en lui faisant prendre son ombre pour une personne.

Cette légende n'est évidemment qu'une variante d'un conte populaire du pays, d'après lequel il paraît que le diable avait ouvert une école de théologie dans une grotte de Salamanque ; il y formait d'excellents prêtres ; mais, au bout de l'année, il faisait sortir un à un les étudiants, qui lui disaient au fur et à mesure : « Prends celui qui est derrière moi », et le dernier demeurait la proie du « père des ténèbres ». Un étudiant rusé et adroit s'avisa un jour de remarquer le jeu des ombres ; il se mit au dernier rang et osa dire à Satan la formule habituelle. Trompé, le diable se jeta sur l'ombre de ce jeune homme qui demeura seule en son pouvoir.

Plus intéressant est à coup sûr ce qu'un de mes amis, M. Paul Sébillot, a si ingénieusement appelé la littérature orale. Evidemment, il n'y a là rien de bien original, car les Basques ont été civilisés, formés, élevés par des populations intellectuellement supérieures ; mais au moins y a-t-il plus de spontanéité : les contes, les rondes d'enfants, les devinettes, les formules de jeux, les proverbes, les chansons, sont un produit spontané du sentiment populaire. On peut ranger dans cette catégorie les *pastorales,* bien qu'elles aient été écrites, parce qu'elles ont un grand cachet d'originalité et que la personnalité de leurs auteurs a depuis longtemps disparu dans la bouche des acteurs rustiques.

Ces *pastorales,* dont aucune n'a été imprimée encore, sont toujours en vers (de 3500 à 6500 chacune) ; quelques-unes, vraisemblablement les plus modernes, sont écrites en vers de treize pieds, divisés en quatrains sur une seule rime quadruple. Mais la plupart des pastorales sont en vers de huit pieds, également divisés en strophes de quatre vers dont le second rime avec le quatrième, les deux autres ne rimant pas.

Quant à la rédaction, elle est aussi simple et aussi naïve que possible. Les anachronismes les plus étranges s'y accumulent, les expressions les plus bizarres s'y rencontrent dans la bouche de personnages tout à fait fantaisistes, les évènements s'y succèdent sans la moindre transition, les jeux de scène y sont réellement enfantins, et l'art y fait presque entièrement défaut. Toutefois, ce qui frappe le lecteur, c'est la préoccupation constante de faire tourner la pièce à l'honneur de la religion chrétienne, à la honte des Sarrazins et du mahométisme. La date de ces compositions est ainsi facile à déterminer : elles remontent évidemment aux dernières phases de ce que les Espagnols appellent la guerre de reconquête, du treizième au quinzième siècle environ. Le souvenir des chansons de Geste et des romans de chevalerie s'y montre aussi très fréquemment.

Des chansons populaires basques, il a été publié un certain nombre, et j'en ai pour ma part recueilli beaucoup d'inédites. Elles sont en vers de quinze, de treize ou de huit pieds, et presque toujours en quatrains. Le mètre le plus commun est celui de treize pieds, divisé en deux hémistiches de sept et six. Elles se chantent sur des airs variés dont les plus agréables, les plus originaux, appartiennent au mode mineur. On a déjà publié des échantillons de la musique basque ; mais pour qu'on puisse s'en faire une idée, je donne trois des airs les plus populaires : on trouvera ci-après une traduction des chansons correspondantes faite, aussi littéralement que possible, sur les variantes les plus complètes et les plus vulgaires : pour les amateurs de musique, j'y ai joint des imitations libres en vers français pouvant être chantées sur les mélodies originales ; je reproduis en tête le texte basque des premiers couplets.

I. — Blanche palombe.

Urzo churia, errazu,
Nora yoaiten zira zu ?
Espainiako borthuak oro
Elhurrez betheak ditutzu :
Gaurko zure ostatu
Gure etchean baduzu !

« Blanche palombe, dites, — où allez-vous ? — Tous les ports [1] d'Espagne — Vous les avez pleins de neige ; — Votre auberge pour ce soir — Vous l'avez dans notre maison.

« La neige ne me fait pas peur, — ni non plus l'obscurité de la nuit ; — ma bien-aimée, pour vous — je passerai les nuits et les jours — les nuits et les jours — et les forêts désertes.

« La palombe est belle dans l'air, — elle est plus belle sur la table ; — ma bien-aimée, votre pareille — n'est pas en Espagne — ni non plus en France, — sous le soleil. »

Imitation.

Oiseaux, messagers des amours,
Voici venir les mauvais jours :
L'hiver attriste les campagnes,
La neige a couvert les montagnes...

[1] Cols, passages dans les montagnes.

♩= 80
I.
BLANCHE
PALOMBE
Ur_tzo chu_
Oi_seau mes_
_ri_ a, er_ra_ zu No_ra yo_ai_ten ze_ra_
_sa ger, des a_mours Voi_ci ve_nir les mauvais
_zu;
jours;
Es_pai_ni_a_ko borthuak o_
L'hi_ver at_tris_te les cam_
p

_ro El_hur_rez be_the_ak di_tut_
_pa_gnes La neige a cou_vert nos mon_ta_
_zu Gau_rko zu_re os_ta_tu Gu_re et_
_gnes Fuy_ez fuy_ez mon pau_vre cœur Est en_cor
_che_an ba_du_zu! Gu_re et_che_an ba_du_
plein de sa dou_leur! Est en_cor plein de sa dou_
_zu! Ur_tzo chu_zu!
_leur! Oi_seau mes_leur!

Fuyez ! fuyez ! mon pauvre cœur
Est encor plein de sa douleur !

C'était aux beaux jours du printemps
Que je recevais ses serments :
L'automne la vit infidèle...
Fuyez ! fuyez à tire-d'aile,
Fuyez ! fuyez ! mon pauvre cœur
Est encor plein de sa douleur !

La mort me sourit et m'attend :
J'ai tant pleuré ! Je l'aimais tant !
Fuyez ! fuyez, je vous en prie,
Et si vous rencontrez Marie,
Ne lui dites pas que mon cœur
Est encor plein de sa douleur !

II. — Sérénade ou Aubade.

Ene izar maitea
Ene charmagarria,
Ichilik zure ikhustera
Yiten nitzaitzu leihora ;
Koblatzen dudalarik,
Zaude lokharturik :
Gabazko ametsa bezala
Ene kantua zaitzula !

« Mon étoile bien-aimée, — ma charmante ; — en silence, pour vous voir, — je vous viens à la fenêtre ; — pendant que je chante, — demeurez endormie : — comme un rêve nocturne — que mon chant soit pour vous !

« Vous ne me connaissez pas ; — cela aussi me chagrine ; — vous n'avez pas besoin de moi — ni non plus de souci. — Que je meure ou que je vive, — pour vous (c'est) égal ! — Vous, au contraire, bien-aimée Marie, — vous êtes ma vie.

« Ce qu'était la peine d'amour — jusqu'à présent je ne sa-

11.
SÉRÉNADE
OU
AUBADE
♩ = 72
p
E - ne i-zar mai-te - a, E-ne
Ma-ri - a, ma bien ai-mé - e, Ma-ri-
char-ma-gar-ri - a, I- chi-lik zure i-khus-
- a, mon seul a-mour; Ta fe - nêtre est donc fer-
- te - ra, Yi-ten ni - tzai - tzu lei - ho-
- mé - e Au pre - mier si - gnal du
- ra; Ko - bla - tzen du - da-
jour; Pour te voir, a - vec l'au-
Rall.
- la - rik, Zau - de lokhar - tu-
- ro - re, J'ac - cours en si - lence, heu-
1º tempo.
- rik: Ga - bazk a - met - sa be-
- reux: C'est ton a - mant qui t'a-
Rall.
- za - la, E-ne kan - tu - a zai-tzu-la!
- do - re, O ma belle, ou-vre les yeux!

vais pas ! — Maintenant, je ne vivrai plus — que pour vous aimer. — Vers où est la pente — là va l'eau ; — de même moi, ô la plus aimée, — je viens vers vous ! »

Imitation.

Maria, ma bien-aimée,
Maria, mon seul amour,
Quoi ! ta fenêtre est fermée,
Au premier signal du jour !
Pour te voir, avant l'aurore,
J'accours en silence, heureux :
Vois, c'est celui qui t'adore,
O ma belle, ouvre les yeux !

Ma voix t'apporte discrète,
Berçant ton dernier sommeil,
Mon espérance secrète,
Dans un rayon de soleil ;
Tout renaît dans la nature,
Tout est beau, riant, joyeux,
L'air est frais, la brise est pure :
O ma belle, ouvre les yeux !

Si ton âme insouciante,
N'a que faire de ces chants,
Et si ta froideur, méchante,
Se rit de tous mes tourments ;
Laisse-moi t'aimer quand même
D'un amour silencieux...
Toujours, malgré tout, je t'aime,
O ma belle, ouvre les yeux !

Que je chante ou que je pleure
Quand je marche sur tes pas,
Que je vive ou que je meure,
Peu t'importe, n'est-ce pas ?

Pourtant, toi seule es ma vie,
Mon ciel clair et radieux,
Mon bonheur et mon envie :
O ma belle, ouvre les yeux !

III. — La Couturière.

Inchauspeko alaba, dendaria,
Goizian goiz yostera yoailia ;
Nigarretan pasatzen du bidia ;
Aprendiza kontsolatzailia.

La fille de la maison Inchauspe, couturière, — s'en allant de très bon matin pour coudre, — passe son chemin (toute) en larmes ; — son apprentie (cherche) à la consoler...

La pêche, dont la fleur est si belle, — a en dedans un noyau bien dur ; — j'ai aimé ce que je n'aurai pas ; — c'est ce qui me fait de la peine au cœur.

Avez-vous aimé ce que vous n'aurez pas ? — Est-ce cela qui vous fait de la peine au cœur ? — Aimez ce que vous pouvez avoir — et laissez ce que vous ne pouvez avoir.

Adieu donc, mon bel amoureux ; — adieu, adieu pour toujours, — mariez-vous avec qui vous plaira ; — mais gardez-vous de ma rencontre.

Qu'arrivera-t-il de votre rencontre ? — Quel sera votre pouvoir ? — Quelque chose qui m'arrive — c'est vous qui donnerez un sujet à la critique !

Imitation.

Aimable enfant, toute pleine de charme,
Pourquoi passer si vite ce matin ?
Dans tes beaux yeux j'ai cru voir une larme :
D'où viens, dis-moi, ton trouble et ton chagrin ?

Sur le château quand ton regard s'arrête,
Pourquoi rougir ? et que dis-tu tout bas ?...

III.

LA COUTURIÈRE

Mais lorsque Jean à t'aborder s'apprête
D'un air d'ennui pourquoi presser le pas ?

C'est que Jean t'aime et que toi, pauvre fille,
D'un autre amour tu rêvas la splendeur !
Mais le « Monsieur » ne vient plus à la grille :
Jean seul pouvait te donner le bonheur.

Quand du pêcher tù vis la fleur charmante
Qui se changeait, au soleil de l'été,
En un beau fruit, tu fus insouciante
Du dur noyau qui seul t'en est resté.

Console-toi, puisque Jean t'aime encore :
Le triste hiver précède le printemps,
La sombre nuit s'enfuit devant l'aurore...
Console-toi ! Je t'aime et je t'attends !

Je ne cite aucun proverbe basque, parce que des échantillons s'en trouvent un peu partout. Il faudrait d'ailleurs aux plus intéressants des explications que je ne puis donner ici. Les proverbes, qu'on appelle la « sagesse des nations », m'ont toujours paru ce qu'il y a de plus sot au monde ; il n'est peut-être pas une de ces sentences solennelles dans leur impitoyable vulgarité qui n'ait son proverbe contraire.

Mais ce qui n'a été jusqu'ici ni recueilli, ni étudié, ce sont les devinettes, les sornettes, les phrases embrouillées, les formules qu'emploient les enfants pour se soustraire un à un, dans tel ou tel jeu, à certain poste ou à certaine corvée. Seul, M. Cerquand, ancien inspecteur d'Académie à Pau, a publié quelques devinettes. J'en ai recueilli pour ma part un certain nombre ; en voici quelques-unes que je prends au hasard dans ma collection :

Egunaz zulubi eta gabaz haga — abulleta.

D. (Qu'est-ce qui est) échelle le jour et perche la nuit ? — R. Un lacet de corset.

Gona motz, gingila luze — Eskila.

Robe courte, jambe longue. — La cloche.

Churia bada, eztu irina ; beltcha bada, eztu ikhatza ; mintzazazten du, mihirik eztu ; hurritzen du, zamaririk eztu — letra.

S'il est blanc, il n'a point de farine ; s'il est noir, il n'a pas de charbon ; il fait parler et n'a point de langue ; il court et n'a pas de monture. — Une lettre.

Hertsirik makhila eta hedaturik teilatua — parasola.

Resserré, bâton ; et étendu, toit. — Le parapluie.

La suivante a besoin de quelques explications :

Laur titiriti, bi taratata, urkila eta histupa. — Behia.

Quatre *titiriti*, deux *taratata*, fourche et étoupe. — La vache.

Titiriti et *taratata* sont deux onomatopées qui désignent les pis et les cornes ; *urkila*, que j'ai traduit par fourche, est proprement le point d'attache, l'embranchement des rameaux d'un arbre et surtout d'un têtard : il s'agit ici de l'embranchement de la queue qui est elle-même comparée à de l'étoupe.

Je ne voudrais pas abuser de la patience du lecteur, mais il me sera permis peut-être de rapporter une des formules d'élimination, c'est le terme adopté par les spécialistes, le plus souvent employées par les enfants. Les petits garçons se placent en cercle ; l'un d'eux présente son béret autour du rebord intérieur duquel les autres posent chacun leur index. Le chef de la partie touche successivement tous les doigts en prononçant les mots suivants qu'il serait fort difficile de traduire : *chirrichti, mirrichti, gerrena, plat, olio, sopa, kikili, salda, hurrup edo klik !*

Je termine cette rapide esquisse des produits de l'esprit populaire basque, par une sorte de cantilène que je dois à l'obligeance d'une charmante Labourdine :

Din ! dan ! balendan !
Elizako bestetan !
Gizon bat dilindan...
Zer egin du ? — Bekhatu !
'maztia unkhatu ?
— Hori ezta bekhatu.
— Chakurra zampatu ?
— Hori da, hori ! bekhatu.

Din ! dan ! balendan ! (sonnent les cloches) — aux fêtes de l'Eglise : — Un homme est pendu... — Qu'a-t-il fait ? Péché ! — Etranglé sa femme ? — Cela n'est pas (un) péché. — Battu son chien ? — Voilà ! voilà (le) péché !

Plusieurs personnes ont publié des recueils de contes, de légendes et de traditions basques ; mais les seuls ouvrages exacts, où se trouve la forme authentique du récit populaire, sont les publications de MM. Cerquand et Webster. C'est là qu'on peut étudier ces personnages extra-humains qui composent toute la mythologie basque, mais dont l'origine est fort incertaine, les *basa-yaun* et *basa-andre* « seigneur » et « dame sauvages, forestiers, agrestes » ; les *lamina* mâles et femelles, sortes de génies rustiques qui habitent les grottes et dont le nom rappelle celui des *lamies* latines ; enfin les *Tartaro*, ces cyclopes aussi niais que robustes, qu'on a sans doute appelés « Tartares » comme ailleurs on appelait « ogres (Ongres, Hongrois) » d'autres êtres redoutables. Ces figures imaginaires se substituent l'une à l'autre et sont quelquefois remplacées par les « Maures » dans les contes les plus intéressants pour les hommes de science.

Ce petit livre ne s'adressant point aux savants, j'ai pensé que nos lecteurs préféreraient des contes plus simples, demandant moins d'explications et de détails complémentaires, et j'ai choisi, dans ma collection, les trois suivants que je traduis directement du texte basque et aussi littéralement que possible.

I. — Les trois Vérités.

Un renard arriva devant une rivière. Il n'avait pas d'argent pour payer son passage ; il cria au batelier : « Hé ! l'homme ! voulez-vous me passer ? Je vous dirai trois vérités. » L'homme lui dit que oui. Le renard saute dans le bateau et commence ainsi : « On dit que la *metture* (pain de maïs) est aussi bonne que le pain (de froment) ; c'est un mensonge, car le pain est bien meilleur. Voilà une vérité. » Au milieu de l'eau, il reprit la parole : « On dit souvent : quelle belle nuit ! on dirait le jour ; mais ce n'est pas vrai, car jamais la nuit n'est aussi belle que le jour. » En arrivant à l'autre bord le renard s'élança à terre en disant : « O homme ! ô homme ! tu as de bien mauvaises chausses, mais tu les aurais bien plus mauvaises encore si tous ceux que tu passes ne te payaient pas mieux que moi ! » J'étais alors là, au bord de l'eau, et j'ai appris ces trois vérités et je ne les ai pas oubliées depuis.

II. — Le Curé.

Comme bien souvent dans le monde, il y avait un curé.

Il possédait un moulin. Dans ce pays-là, il y avait un roi. Un jour, ce roi fit venir ce curé devant lui et lui dit : « Un monsieur prêtre sait beaucoup de choses et doit en savoir beaucoup. Il faut que vous me disiez trois choses : combien il y a de chemin d'ici au ciel, combien je vaux exactement, et ce que j'ai dans l'esprit ? et cela dans tel temps ou sinon je vous ferai mourir. » Notre monsieur prêtre s'en revient chez lui tristement ; les jours suiv nts, il était encore plus triste. Il se promenait autour du moulin. Le meunier, le voyant et remarquant sa tristesse, lui dit une fois : « Qu'avez-vous, monsieur ? Pour être devenu comme cela, vous avez quelque peine. Dites la moi. — Bah ! même en vous le disant, je n'y gagnerais rien. »

Le terme fixé approcha et le curé maigrissait de chagrin à vue d'œil. Le meunier lui dit un jour : « Monsieur, dites-moi ce que vous avez. J'y remédierai certainement. » Le temps indiqué finissait le lendemain ; pensez comment était notre monsieur prêtre ! Il dit à son meunier ce que lui avait demandé le roi, ajoutant qu'il avait cherché dans tous les livres sans avoir rien appris nulle part et qu'il lui faudrait mourir. Le meunier lui dit : « Si vous voulez me donner le moulin pour moi, je prendrai votre soutane et j'irai devant le roi à votre place. » Notre prêtre aurait bien donné dix moulins s'il les avait eus. Il lui répond donc que oui certainement, et il lui donne sa soutane.

Notre meunier s'en va à sa maison et dit à sa femme de lui dévider en un peloton tout le fil qu'elle pouvait avoir à la maison. Le lendemain il part avec son peloton où il avait fait une marque avec un petit nœud ; il arrive chez le roi. Le roi fort content de le voir. Notre faux prêtre lui dit : « Voici juste juste la mesure exacte du chemin qu'il y a d'ici au ciel ; si vous ne le croyez pas, vérifiez-le vous-même.... Vous voulez aussi savoir combien vous valez : eh bien ! notre Seigneur bien-aimé a été vendu pour trente pièces d'argent ; vous ne pensez sans doute pas valoir davantage. » Le roi demeura stupéfait de son grand esprit. « Vous voulez en troisième lieu que je vous dise ce que vous avez dans la pensée ; vous croyez que c'est le prêtre d'avant, mais je ne le suis point ; de plus, vous pensez à tout ce que je vous ai dit. » Le roi admirait la science de ce prêtre. Le meunier lui dit qui il était et le roi lui dit que c'est lui qui devait être curé, qu'il l'avait bien mérité par sa science. On renvoie l'autre curé et on l'installe à sa place.

Il fallait de temps en temps que les curés prêchassent ; une de ces époques arriva. Notre meunier monte en chaire et se met à dire : « comme les autres, comme les autres, comme les autres », et ainsi de suite pendant une heure en tapant sur la chaire. Quand les offices furent terminés, les gens se rendirent chez le roi pour se plaindre : quel curé leur avait-on envoyé là ? pendant une heure il n'avait fait que leur crier : comme les autres ! Le roi leur répondit : « S'il a dit comme les autres, il a fait beaucoup et j'en suis content. » Il vint tant de gens pour se plaindre que le roi ordonna à son portier de faire mettre en prison tous ceux qui viendraient réclamer contre ce curé. La paix fut ainsi vite rétablie.

Quelques jours après notre meunier est appelé pour prêcher dans une paroisse voisine. Il se trouva dans un grand embarras. Que fit-il ? Il monta en chaire et dit pour commencer : « Celui qui m'entendra sera sauvé et celui qui ne m'entendra pas sera damné », et il se mit à remuer les lèvres et à frapper sur la chaire, mais personne ne pouvait rien comprendre et ils demeuraient à se regarder les uns les autres. Une vieille femme se réveilla comme le sermon finissait et dit, en se frottant les yeux : « Qu'il a bien prêché ! quelles belles paroles il a dites ! » Tous furent stupéfaits de voir qu'elle avait entendu et ils restèrent coi désormais. Notre nouveau prêtre vécut et devint très riche avec sa cure et son moulin tandis que l'autre devenait pauvre et se voyait abandonné de tous. J'y étais alors et maintenant je suis ici.

III. — La Tabatière.

Comme souvent dans le monde, il y avait un jeune homme

qui voyageait. En marchant, il trouva un jour une tabatière. Il l'ouvre et la tabatière lui dit : « *Que quieres*[1] *?* » Saisi de peur, il s'empressa de serrer la tabatière dans sa poche ; heureusement il ne la jeta pas. Il alla loin loin loin et se dit en lui-même : « Si elle me dit de nouveau *que quieres*, je saurai quoi lui répondre. » Il reprend sa tabatière, l'ouvre, et elle lui dit de nouveau : *que quieres ?* Le jeune homme répondit : « Mon chapeau plein d'or », et le chapeau se trouva rempli d'or.

Notre jeune homme fut ravi ; désormais il n'aurait plus besoin de rien. Il alla loin loin loin et après avoir traversé des forêts arriva devant un beau château. Là demeurait un roi. Il en faisait le tour et le tour, regardant partout avec assurance. Le roi lui demanda ce qu'il faisait là — « je regarde votre château » — « tu préfèrerais en avoir un pareil, n'est-ce pas ? » Le jeune homme ne répond rien. Mais quand arrive le soir, il prend sa tabatière et l'ouvre : « *Que quieres ?* — Fais-moi ici-même un château avec les lattes d'or, les tuiles de diamant, et tout le fourniment en argent et en or. » Il finissait à peine de parler qu'il voyait en face de la maison du roi un château comme il l'avait demandé. A son réveil, le roi fut stupéfait en apercevant cette magnifique maison qui tirait les yeux sous l'éclat du soleil. Toutes les servantes demeuraient aussi là à regarder. Le roi alla chez le jeune homme et lui dit qu'il était un homme d'un grand pouvoir, qu'il devrait bien venir chez lui et consentir à vivre tous ensemble, qu'il avait une fille et qu'on la marierait avec lui. Il en arriva comme avait dit le roi et tous se rendirent à la magnifique maison. Il se maria avec la fille du roi et ils vécurent heureux.

La femme du roi avait une grande jalousie envers ce jeune homme et envers sa fille. Elle savait par sa fille comment ils avaient une tabatière qui leur procurait tout ce qu'ils voulaient. Elle s'entendit avec une servante pour

[1] « Que veux-tu ? » en espagnol.

essayer de voler cette tabatière. Elles observèrent avec soin où la mettait le soir et, quand elles connurent l'endroit, au milieu de la nuit, pendant que ses maîtres étaient endormis, la domestique s'en empara et l'apporta à sa vieille maîtresse. Quelle joie pour celle-ci ! Elle ouvre la tabatière qui lui dit : « *que quieres?* — je veux que tu m'emportes avec mon mari et tous mes serviteurs dans cette belle maison de l'autre côté de la mer rouge ; et que ma fille et son mari demeurent ici. »

A leur réveil, les jeunes époux se retrouvent dans le vieux château et leur tabatière leur fait défaut. Ils la cherchent mais inutilement. Le jeune homme ne veut pas perdre un instant : il faut qu'il se mette tout de suite en quête du château de la tabatière. Il prend un cheval et autant d'or qu'il peut en porter. Il s'en va loin loin loin. Il cherche en vain dans tous les pays environnants. Il arriva à la fin de son argent sans avoir rien trouvé nulle part, mais il allait toujours autant que le permettaient les forces de son cheval, mendiant pour vivre.

Quelqu'un lui dit qu'il devrait aller chez la Lune, que celle-ci fait un voyage assez étendu et qu'elle pourra le guider. Il alla loin loin loin et finit d'une manière quelconque par arriver chez la Lune. Il y trouva une petite vieille qui lui dit : « Que venez-vous faire ici ? Mon fils mange tous les êtres et, si vous êtes sage, il vaut mieux que vous partiez sans entrer. » Il lui raconte ses malheurs, lui dit comment il possédait une puissante tabatière et comment on la lui avait volée, comment il se trouvait maintenant sans rien loin de sa femme et privé de tout ; peut-être son fils aurait-il vu dans ses courses son palais avec les lattes en or, les tuiles en diamants, et tout le fourniment en argent et en or. Sur ces derniers mots, apparaît la Lune. Elle dit à sa mère qu'elle sent quelqu'un. Sa mère lui dit comment un homme malheureux qui a tout perdu est venu la trouver pour la consulter. Elle lui dit de le faire avancer. Il se montre et demande à la Lune si elle n'aurait pas vu par hasard une maison avec des lattes en or, des tuiles de diamant et tout le fourniment en argent et en or ; il possédait cette maison et on la lui a prise. La Lune lui répond que non, mais que le Soleil fait plus de chemin et parcourt plus d'étendue qu'elle et qu'il ferait mieux d'aller le trouver.

Il s'en va donc loin loin loin autant que le permettent les forces de son cheval, mendiant pour vivre. Il finit d'une manière quelconque par arriver chez le Soleil. Il y trouva une petite vieille qui lui dit : « Que venez-vous faire ici ? allez-vous-en ; ne savez-vous pas que mon fils mange tous les chrétiens ? » Il lui répond que non, qu'il ne s'en ira pas, qu'il est si malheureux que cela lui est égal même de mourir, qu'il a tout perdu, qu'il possédait une maison comme il n'y en a pas de pareille ailleurs, car elle a les lattes en or, les tuiles en diamant et tout le fourniment en argent et en or ; qu'il s'est mis à sa recherche il y a bien longtemps et qu'il n'y a pas d'homme plus malheureux que lui. Cette femme le cache. Le Soleil arrive et dit à sa mère qu'il sent l'odeur d'un chrétien et qu'il veut le manger. Sa mère lui dit comment un homme malheureux qui a tout perdu est venu lui parler et elle le prie d'en avoir pitié. Qu'il paraisse donc. Le jeune homme se présente et demande au Soleil s'il n'aurait pas vu par hasard une maison qui n'a pas la pareille ailleurs avec des lattes en or, des tuiles en diamant, et tout le fourniment en argent et en or. Le Soleil lui répond que non, mais que le Vent l'aura trouvée, car il entre dans tous les coins et il n'est pas de choses qu'il ne voie, et quand personne ne saurait lui seul saurait.

Notre pauvre homme se met donc en route et va autant que le permettent les forces de son cheval, mendiant pour vivre. Il finit d'une manière quelconque par arriver chez le Vent. Il trouve une petite vieille occupée à remplir d'eau beaucoup de barriques. Elle lui demande à quoi il pense de venir là et lui dit que son fils mange tout, qu'il va arriver en fureur et qu'il prenne garde à lui. Il répond que cela lui est égal même d'être mangé, qu'il n'a peur de rien tant il est malheureux. Il lui conte comment on lui a pris une belle maison qui n'a pas sa pareille, et avec elle toutes ses richesses, qu'après avoir abandonné sa femme il s'est mis en marche sans la trouver et qu'il est venu envoyé par le Soleil pour consulter le Vent. Elle le fait cacher sous l'escalier et le Vent du sud arrive comme s'il voulait arracher la maison de ses fondements. Tout altéré qu'il fut, avant de boire, il sentit l'odeur de l'espèce chrétienne et dit à sa mère de faire sortir celui qu'elle avait caché et qu'il fallait qu'il le mangeât. Sa mère lui dit de manger et de boire ce qui était devant lui et elle lui raconte les malheurs de cet homme, comment le Soleil lui a laissé la vie en l'envoyant au Vent pour qu'il le consultât. Elle lui amène cet homme, celui-ci lui dit comment il est à la recherche d'une maison et que, comme personne n'en sait rien, le Vent seul pourrait le savoir ; il ajoute qu'on lui a volé cette maison qui a les lattes en or, les tuiles en diamant, et tout le fourniment en argent et en or ; et demande au Vent si par hasard il ne l'a pas vue quelque part. Il lui répond : « Oui, oui, et pendant toute la journée d'aujourd'hui j'ai passé et repassé sans pouvoir lui enlever une seule tuile. — Si vous pouviez me dire où elle est.... — Elle est bien loin de l'autre côté de la mer rouge. » Notre homme, en entendant cela, ne fut point découragé : il avait déjà fait tant de chemin !

Il part donc et arrive d'une manière quelconque dans ce pays-là. Il demande si l'on connaît quelque part une place de jardinier vacante. On lui répond que le jardinier du château est parti et que peut-être sa place sera à prendre. Il y va tout de suite et reconnaît sa maison : pensez quels furent son contentement et sa joie ! Il demande si l'on a besoin d'un jardinier. On lui répond que oui. Notre jeune homme fut bien content. Il passa ainsi quelque temps sans rien faire. Il parlait avec une servante des richesses de leur maître et du pouvoir qu'ils avaient. Il se mit d'accord avec cette fille qui lui avait une fois raconté l'histoire de la tabatière et promit de bien la récompenser car il avait bien envie de voir cette tabatière.

Elle la lui apporta un soir. Bien content notre jeune homme observa où elle la serrait dans la chambre de la maîtresse de la maison. La nuit suivante, quand tout le monde fut endormi, il y alla et prit sa tabatière. Pensez avec quelle joie il l'ouvrit. Quand elle lui demanda : *que quieres ?* il répondit : « *que quieres !*

que quieres! rapporte-moi avec ce château à mon ancienne place et fais noyer dans cette mer rouge le roi et sa femme et tous leurs serviteurs ». Dès qu'il eut parlé, il se trouva transporté auprès de sa femme et ils vécurent là bien heureux et les autres furent pour jamais engloutis dans le fond de la mer.

Les contes basques se terminent d'ordinaire par la formule : « et, s'ils vécurent bien, ils moururent bien ». C'est sur cette formule que je laisserai mes lecteurs, sans prétendre définir ce qu'on peut entendre par bien vivre et bien mourir.

FIN.

BIBLIOGRAPHIE

HISTOIRE DES BASQUES.

Oihenart : *Notitia utriusque Vasconiæ;* Paris, 1638 et 1656, in-4°.

Isasti : *Compendio historial de Guipuzcoa;* S. Sébastien, 1850, gr. in-8°.

Belzunce : *Histoire des Basques;* Bayonne, 1847, 2 vol. in-8°.

Zamacola : *Historia de las naciones bascas;* Auch, 1818, 3 vol. in-8°.

PAYS, MŒURS ET COUTUMES.

Guides Joanne : *Pyrénées;* Paris, in-8°.

Reclus (Elysée) : *Nouvelle Géographie universelle*, t. I et II; Paris, 1875, 1878, in-8°.

Michel Fr. : *Le Pays Basque;* Paris, 1857, in-8°.

Dasconaguerre : *Le golfe de Gascogne;* Bayonne, 1879, in-12.

Landde L. : *Basques et Navarrais;* Paris, 1878, in-8°.

LITTÉRATURE POPULAIRE.

Oihenart : *Proverbes Basques;* Paris, 1657, nouv. édit. : 1847, petit in-8°.

SALLABERRY : *Chants populaires basques ;* Bayonne, 1870, gr. in-8°.

CERQUAND : *Contes populaires basques ;* Pau, 1874, 1882, 4 fasc. in-8°.

WEBSTER : *Basques Legends ;* Londres, 1878, in-8°.

VINSON (Julien) : *Littérature orale basque ;* petit in-8° (sous presse).

LANGUE BASQUE.

BONAPARTE (le prince Louis-Lucien) : *Le verbe basque en tableaux ;* Londres, 1869, in-8°.

Même auteur : Nombreuses brochures et recueils de textes, Londres, 1856-1880.

VAN EYS (W.-J.) : *Grammaire comparée des dialectes basques ;* Paris, 1879, gr. in-8°.

Même auteur : *Dictionnaire basque français ;* Paris, 1874.

RIBARY (Fr.) : *Essai sur la langue basque,* traduit du hongrois, avec notes, par Julien VINSON, Paris, 1876, in-8°.

TABLE DES CHAPITRES

VERSAILLES, IMPRIMERIE CERF ET FILS, RUE DUPLESSIS, 59.

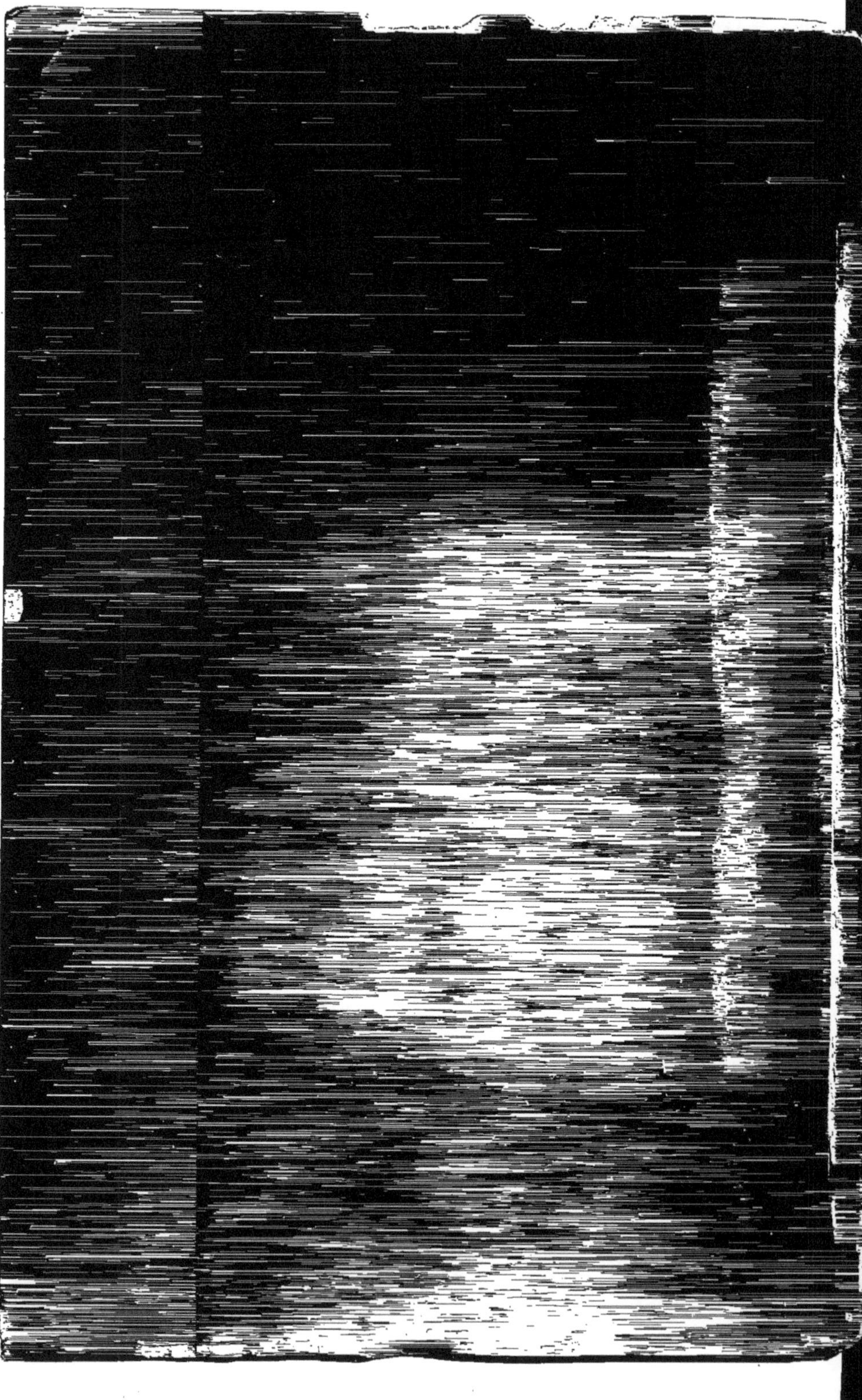

www.ingramcontent.com/pod-product-compliance
Ingram Content Group UK Ltd.
Pitfield, Milton Keynes, MK11 3LW, UK
UKHW020224220726
13923UKWH00002B/505